Leben ohne Kompromisse

Arthur W

VERLAG SCHULTE + GERTH ASSLAR

Die englische Originalausgabe erschien unter dem Titel „The Radical Christian" im Verlag Kingsway Publications, Eastbourne

Aus dem Englischen von Gudrun Wagner

Best.-Nr. 15 514
ISBN 3-87739-514-7
Umschlaggestaltung und Foto: Herybert Kassühlke
Satz: Rücker + Schmidt
Druck und Verarbeitung: Mohndruck, Gütersloh
Printed in Germany

INHALT

EINLEITUNG

Eine große Zahl von Christen, die irgendwann einmal von der Charismatischen Bewegung erfaßt worden waren, befinden sich jetzt in einem „postcharismatischen Vakuum" oder stecken sogar in einer „postcharismatischen Depression". Das ist keine Herabsetzung der Echtheit ihres Erlebnisses oder des persönlichen Segens, den sie dadurch erhielten. Nur realisierten manche von ihnen nicht, daß ihre Erfahrung mit dem Heiligen Geist nach Gottes Willen nie mehr sein sollte als eine Etappe ihres geistlichen Lebens. Andere verstanden dies sehr genau, aber ihr Vakuum besteht darin, daß sie niemals eine klare Antwort auf die Frage bekamen, auf welches Ziel hin es eine Etappe sei.

Abgesehen von den charismatischen Katholiken, erlebte die „Erneuerungsbewegung" in den verschiedenen Denominationen in den späten siebziger Jahren ihren Höhepunkt und hat ihn jetzt unverkennbar überschritten. Obwohl mehrere Gründe dafür angeführt werden könnten, halte ich einen für ausschlaggebend. Es handelt sich um einen Mangel, der allgemein bei Christen festzustellen ist, um eine der Ursachen, weshalb viele Nichtcharismatiker vor einer persönlichen Begegnung mit dem Heiligen Geist zurückschrecken, etwas, was die Charismatische Bewegung weitgehend zum Stillstand gebracht hat: *der Mangel an biblischem Radikalismus.*

Die Israeliten, die aus Ägypten kamen, waren alle charismatisch. Täglich wurden sie Zeugen der übernatürlichen Kraft Gottes. Doch mangelnder Radikalismus brachte sie zum Stillstand, ehe sie ihr Erbe erreicht hatten – alle, außer den beiden Radikalen Kaleb und Josua, die dem Herrn von ganzem Herzen nachfolgten.

Das Kind beim Namen nennen

Mangelnder biblischer Radikalismus – das läßt die meisten von uns unberührt, weil niemand genau weiß, was damit gemeint ist. Wir wollen diese Krankheit bei ihrem eigentlichen Namen nennen – *Kompromißbereitschaft.* „Kompromiß" wird definiert als „teilweiser Verzicht auf den eigenen Standpunkt, um zu einer Übereinstimmung zu kommen". Für den Christen bedeutet das, etwas aufzugeben, was Gott geschenkt hat, oder eine Offenbarung Gottes zu übergehen, um eine bestimmte Situation, in der er sich befindet, bequemer zu bewältigen. Es kann bedeuten, daß man sich irgendeiner Sitte beugt, an einem Vorurteil festhält oder eine Tradition verteidigt. Oder daß man bestrebt ist, sich den Wünschen eines anderen anzupassen oder sich bei ihm beliebt zu machen, den guten Ruf zu bewahren oder Ansehen genießen zu wollen. Wenn es um die Wahrheit geht, bedeutet Zugeständnis Kompromiß.

Manche hüten sich vor einem Kompromiß, wenn Gott ihnen seinen Willen für ihr persönliches Leben zeigt, aber sie versagen, wenn es darum geht, den Willen Gottes auf das Gemeindeleben zu übertragen. Andere machen sich nicht einmal bewußt, daß Gott darüber eindeutige Anweisungen gegeben hat. Diesem Mangel will ich versuchen abzuhelfen. Haben wir Gottes Willen im Hinblick auf das Gemeindeleben erkannt, reagieren jedoch nicht entschieden genug darauf, dann ist das gleichbedeutend mit einem Kompromiß in unserem persönlichen Glaubensleben.

Wir schließen niemals einen Kompromiß aus Unwissenheit, sondern immer wissentlich. Die Versuchung tritt erst dann an uns heran, wenn Gott uns eine bestimmte Wahrheit geoffenbart hat. Es war der Gehorsam, eine erkannte Wahrheit in die Tat umzusetzen, der die Charismatische Bewegung ins Dasein rief. Es war das Versäumnis, auch weiterhin Gottes Offenbarungen gehorsam zu sein, das die Bewegung zum Stillstand brachte. Männer, die am Anfang mit Entschiedenheit Gott gehorchten, koste es, was es wolle, wurden auf einmal unsicher. Sie wußten nicht, ob sie den Weg gehen wollten, den Gott sie möglicherweise führen würde. Sie bremsten, und die Bewegung kam zum Stillstand, nicht aber Gott.

Das radikale Heilmittel

Als Jesus seinen Jüngern sagte, daß er auf den Kreuzestod zuginge, erwiderte ihm Petrus: „Herr, schone deiner selbst!" Kompromiß bedeutet, der leisen Stimme des Eigenlebens in uns zu folgen, die uns von dem Pfad des totalen, unerschütterlichen Gehorsams dem Willen Gottes gegenüber abbringen möchte. Jesus ließ sich nicht von seinem Weg abbringen, denn das Kreuz war nicht nur seine Bestimmung, sondern ein in ihm wirkendes Prinzip. Das Kreuz ist noch immer das radikale, scharfe Instrument, das Gott benutzt, um nicht nur mit dem Kompromiß fertig zu werden, sondern auch mit jeder anderen Manifestation des Eigenlebens.

Das Fleisch ist gegen den Geist, und der Geist gegen das Fleisch. Wenn der Schwerpunkt im Leben eines

Gläubigen nicht auf dem Kreuz Jesu liegt – und das ist in der Charismatischen Bewegung zu wenig der Fall – kann sich das Fleisch ungehindert dem Werk des Geistes widersetzen. Das ist ein bedeutender Grund für das Nachlassen der Kraft des Geistes.

Echter Radikalismus ist eine Frucht des Kreuzes. Nur wenn wir den Blick auf das Kreuz nicht verlieren, ist die Axt an die Wurzel all dessen gelegt, was sich in uns dem tieferen Wirken des Heiligen Geistes widersetzt. Deshalb ist das Kreuz das eigentliche Thema dieses Buches.

Nun möchte ich ein Wort an die richten, die von sich annehmen, daß sie nicht im Kompromiß leben, sondern getan haben, was Gott ihnen zeigte, und auch weiterhin mit Gott vorwärtsgehen wollen. Wenn dem wirklich so ist, sollten Sie sich daran erinnern, daß Sie noch nicht zu Ihrer Ruhe und Ihrem Erbteil gekommen sind. Die Reise ist noch nicht zu Ende. Sie können heute gewinnen und morgen verlieren. „Darum, wer sich dünkt, er stehe, der sehe wohl zu, daß er nicht falle!" – „Sei nicht stolz, sondern fürchte dich!" Es gibt noch mehr Offenbarungen. Neue Herausforderungen zu völligem Gehorsam werden Ihnen auf Ihrem weiteren Weg begegnen. Es ist nicht genug, in einer göttlichen Bewegung mitzumarschieren; prüfen Sie, ob das Kreuz in Ihrem Leben noch wirksam ist.

Urteil erforderlich

Wenn es wahr ist, daß Gott wie in der Wolke bei der Wüstenwanderung weitergegangen ist, wo ist er jetzt? Wenn er eine Botschaft hat, die wir neu lernen sollen, etwas, das er Mitte der sechziger Jahre, als die Charismatische Bewegung ihren Anfang nahm, noch nicht offenbart hatte, worin besteht diese Botschaft? Wenn

Gott noch weitergeht, welches Ziel hat er im Auge? Wenn wir hinter ihm zurückgeblieben sind, wie können wir aufholen? Das sind einige der Fragen, auf die dieses Buch eine Antwort geben möchte.

Es war nicht einfach, diese Botschaft weiterzugeben, und es wird auch nicht einfach sein, sie zu empfangen. Wer dieses Buch liest, wird nicht neutral bleiben können. Die Botschaft erfordert ein Urteil. Dabei müssen wir uns vor Augen halten: Wenn wir ein Urteil über eine göttliche Wahrheit fällen, betrifft dieses Urteil auch uns selbst.

DIE BEGEGNUNG MIT EINEM RADIKALEN

Durch die Rauchschwaden, die über der Studentenversammlung lagern, kann man ihn sehen, wie er sich angeregt mit seinen Gesinnungsgenossen unterhält. Langes, unordentliches Haar, das bis auf die Schultern fällt, ein grellkariertes, offenes Hemd, reich geflickte Jeans und Sandalen, die auch schon bessere Tage gesehen haben: Dies alles sagt aus, daß dieser junge Mann nicht um seine äußere Erscheinung besorgt ist, zumindest auf keinen Fall den Eindruck entstehen lassen möchte, er sehe „solide" aus.

Die Freizeitbeschäftigungen, womit die meisten seiner Kommilitonen ihre Zeit ausfüllen, sind ihm völlig gleichgültig. Aber er nimmt den geringsten Anlaß wahr, mit irgend jemand, der ihm zuhört, leidenschaftlich über das eine große Thema zu diskutieren, das ihn beschäftigt: unsere moderne Gesellschaft mit der darin herrschenden Ungerechtigkeit und wie sie, wenn nötig durch Gewalt, gestürzt werden müsse. Dabei drückt seine Stimme einmal Zorn aus, dann Begeisterung über die neue, kommende Gesellschaftsordnung. Er spricht von einer neuen Welt, in der die gröbste Ungerechtigkeit abgeschafft sein wird. Wir haben mehr als nur den heimlichen Verdacht, daß unser junger Radikaler, wenn er auch nur einen Tag auf die Gesellschaft losgelassen würde, viel mehr niederreißen als aufbauen würde. Auf jeden Fall ist es immer wesentlich einfacher, etwas Altes abzureißen, als etwas Neues zu schaffen. Tatsache ist jedoch, daß er durch seinen jugendlichen Optimismus nicht sieht, wie die Termiten, die er in dem alten Gebäude entdeckt hat, bereits die Balken angegriffen haben, mit denen er das neue bauen wollte.

Seine Reaktion auf die Heuchelei, Ungerechtigkeit und Eigennützigkeit der alten Gesellschaftsordnung mag gerechtfertigt sein, dabei übersieht er jedoch etwas Wesentliches: Ganz gleich, was er aufzubauen versucht – die Arroganz, der Zorn, die Intoleranz und Gewalttätigkeit, von denen er motiviert wird, bringen zwangsläufig Früchte nach ihrer Art hervor, die schließlich seine „schöne neue Welt" zerstören werden.

Sind Sie radikal?

Der Radikalismus dieses Radikalen ist nicht radikal genug. Er richtet sich gegen die Außenseite des menschlichen Problems, wie zum Beispiel auf soziale Strukturen, Lebensstandard, Verteilung des Besitzes und ähnliches. Die Wurzel des Übels hingegen läßt er unangetastet. Deshalb würde sich die neue Ordnung nicht als besser erweisen, als die der bösen alten Zeit. Es hieße lediglich, den Anzug mit offenem Hemdkragen gegen eine neue graue Uniform auszutauschen.

Vielleicht denken wir, wir hätten nichts mit diesem grimmigen jungen Mann gemein, der ständig gegen jede Autorität rebelliert, gegen den Status quo protestiert und das Establishment unterminiert. Er ist ein Fanatiker, der nur seinen Idealen lebt und deshalb für Vernunftgründe nicht zugänglich ist. Dabei ist es doch unsere Pflicht, der Obrigkeit untertan zu sein und ein „friedliches und ruhiges Leben" zu führen. Ist nicht die Obrigkeit von Gott eingesetzt? Müssen wir uns deshalb nicht ihrer Autorität unterwerfen? Doch obwohl der Geist des leidenschaftlichen Radikalen dem Geist Christi diametral gegenübersteht, veranschaulicht er ein weltliches Prinzip, das auf geistlicher Ebene ein entsprechendes Gegenstück hat.

Die Geburt des Wortes

Im Laufe der Jahre hat der Begriff „Radikalismus" eine besondere Bedeutung erlangt. Er taucht um das Jahr 1780 erstmals in der britischen Politik auf und wird gebraucht, um jemanden zu beschreiben, der für eine radikale parlamentarische Reform eintritt, womit nichts Schlimmeres gemeint war als das Wahlrecht für alle Männer. Später wurde mit „Radikalismus" jede Art politischen Extremismus' beschrieben.

Radikale Theologen

Wie auf dem Gebiet der Politik wird der Begriff „Radikalismus" auch auf Theologen angewandt, die bestimmte politische und soziale Ideologien akzeptieren und sie als prophetische, aktuelle Botschaft für die Kirche proklamieren. Michael Harper sagte 1979: „Oft gründet sich die radikale Theologie auf falsche Ansichten über das Reich Gottes, indem man es, allzu vereinfacht, dem „Jetzt und Hier" gleichsetzt und nicht tiefgründig genug sowohl auf die Zukunft als auch auf die gegenwärtige Wirklichkeit der Kirche bezieht."

Natürlich sollte bei überzeugten Christen ein echtes, lebendiges Interesse an der Besserung der Menschheit und der Korrektur politischer und sozialer Ungerechtigkeit vorhanden sein. Nur zu oft haben sie diesen Bereich vollkommen vernachlässigt in der Meinung, dies sei nicht ihre Aufgabe. In den letzten Jahren fand jedoch ein großes Umdenken statt, besonders unter den Evangelikalen. Das bedeutet jedoch nicht, daß sie ihre Ziele und Methoden mit denen der radikalen Theologen gleichsetzen.

Abgesehen davon, wie das Wort „radikal" im politischen oder religiös-politischen Sinn gebraucht wird, wollen wir die Frage nach der genauen Bedeutung dieses Wortes stellen. Es ist abgeleitet von dem lateinischen Wort „radix", das „Wurzel" bedeutet. „Radikal" bedeutet also, „auf die Wurzel oder den Ursprung zurückgehen, das Wesentliche, Fundamentale berühren oder danach handeln" (Oxford Lexikon). Radikalismus ist außerdem „gekennzeichnet von einer Abkehr vom Gewöhnlichen und Traditionellen ... und einer Neigung zu extremen Veränderungen vorhandener Ansichten, Gewohnheiten, Zuständen oder Einrichtungen" (Websters Lexikon). Obwohl wir einige aufschlußreiche Parallelen zur politischen Bedeutung des Wortes ziehen können, geht es in diesem Buch um die ursprüngliche, nichtpolitische Bedeutung des Wortes „radikal".

Der wahrhaft Radikale

Im Mittelpunkt menschlicher Probleme steht das Problem des menschlichen Herzens. Nur das Evangelium erhebt den Anspruch, dieses Problem an der Wurzel zu packen. Andere Religionen und Philosophien mögen die Verhältnisse der Menschen zu verbessern versuchen, aber die eigentliche Ursache lassen sie außer acht. Nur die Bibel spricht davon, dem Menschen „ein neues Herz" und „einen neuen Geist" zu geben. Der entschiedene Christ ist daher das Ergebnis einer radikalen Reaktion auf eine radikale Botschaft. Aber das ist nur der

Anfang. „Wie ihr nun Christus Jesus, den Herrn, angenommen habt, so wandelt in ihm", schreibt Paulus in Kolosser 2,6. Mit anderen Worten: „Macht weiter so, wie ihr angefangen habt." Dieser erste radikale Schritt führt zu einem radikalen Fortgang. Der neutestamentliche Gläubige ist radikal in seiner Einstellung und in seinem Lebensstil.

Gottes Gedanken und Wege sind viel höher als unsere, so hoch der Himmel über der Erde ist. Als wir uns bekehrten, haben wir in mancher Beziehung unserer Denkweise den Rückwärtsgang eingelegt. Unsere Auffassung bei einer Reihe wichtiger Fragen entspricht dem Gegenteil dessen, was sie vorher war. Gewisse Dinge, die wir vorher liebten, hassen wir nun. Wenn Gott einen Menschen bekehrt, stellt er ihn scheinbar auf den Kopf. Aber in Wirklichkeit bringt er nur das Richtige nach oben. Das heißt, was vorher unten war, kommt jetzt nach oben, und was vorher oben war, kommt jetzt nach unten. Gottes Absicht besteht darin, durch diese plötzliche Umkehrung unserer Denkweise einen Prozeß auszulösen, in dem wir mehr und mehr verändert werden durch die Erneuerung unseres Sinnes, „um prüfen zu können, was der Wille Gottes sei, der gute und wohlgefällige und vollkommene" (Röm. 12,2).

So ist die Botschaft dieses Buches eigentlich sehr einfach. Sie gründet sich auf folgende Voraussetzungen:

Der Gott der Bibel ist in seinem Umgang mit den Menschen radikal.

Diese Tatsache kommt am deutlichsten im Leben und Dienst seines Sohnes Jesus Christus zum Ausdruck.

Das Reich Gottes ist deshalb in seinen Forderungen äußerst radikal.

Wenn jemand bezeugt, ein Kind Gottes, ein Jünger Jesu oder ein Bürger des Reiches Gottes zu sein, und dieser Radikalismus ist ihm verlorengegangen, möchte ich ihm den guten Rat geben, seinen Glauben einmal sehr genau unter die Lupe zu nehmen. Kann er ohne diesen Stempel aus echtem Gold sein?

Ein wirklich Radikaler im Reich Gottes hat in bezug auf die Wahrheit klaren, festen Grund unter den Füßen. Er kann nicht sein Gewissen übergehen und Kompromisse schließen, seine Überzeugung verfälschen oder biblische Grundsätze aus Prestige- oder Sicherheitsgründen verbiegen. Obwohl er sich nicht unbedingt unbeliebt machen will, fürchtet er sich nicht, wenn es dazu kommt. Er trachtet danach, Gott zu gehorchen, und überläßt ihm die Konsequenzen. Jede Form der Unwahrheit oder Verstellung ist für ihn „anathema" (verflucht). In Wort und Werk geht es ihm mehr um Grundsätze als um Zweckmäßigkeit. Das bedeutet, daß er nicht, vielleicht aus Furcht, die Gefühle eines anderen zu verletzen, zögert, die Wahrheit in Liebe zu sagen. Auch findet er keine Ruhe, wenn er, nur um eine unangenehme Konfrontation zu vermeiden, Dinge ignoriert, die er hätte klarstellen müssen. Im Reich Gottes bedeutet Radikalismus unbedingte Gerechtigkeit.

Mut und Lauterkeit befähigen den radikalen Christen, die Wurzel eines Problems bloßzulegen, indem er, wie Jesus bei den Schriftgelehrten und Pharisäern, die Maske der Heuchelei, Unwahrhaftigkeit und vordergründiger Bagatellen wegreißt und die Wahrheit ans Licht bringt. Er hat es gelernt, zwischen menschlicher Begeisterung und geistgewirktem Eifer zu unterscheiden, ebenso zwischen Weichherzigkeit (die im Grunde selbstsüchtig ist) und geistlichem Mitleid (das Opfer fordert), zwischen bequemer Toleranz und wirklicher Geduld. Andererseits läßt er sich nicht aus Angst, als engstirnig, überheblich oder als Außenseiter abgestempelt zu werden, zu Kompromissen verleiten.

Im Hinblick auf seine Überzeugungen ist der Radikale schwarz oder weiß. Grautöne erscheinen nicht in seiner Farbskala. Oder anders ausgedrückt: Wenn wichtige Fragen auftauchen, verhält er sich nicht neutral, eine Politik des „Abwarten und Tee trinken" lehnt er ab. Ausschlaggebend ist allein die Frage: Ist es richtig oder falsch? Ist es wahr oder gelogen? Ist es Licht oder Finsternis? Er kann nicht gemeinsame Sache mit denen machen, die aus persönlichen Erwägungen heraus bereit sind, im Zwielicht zu leben.

Der Mann ist ein Fanatiker

Im bürgerlichen Leben ist ein Radikaler jemand, der für seine Sache begeistert ist. Er ist mit dem ganzen Herzen dabei. Das meint man, wenn man jemanden als Fanatiker bezeichnet. Es liegt mehr als ein Quentchen Wahrheit in dem Satz: „Wer einen Christen einen Fanatiker nennt, will damit zum Ausdruck bringen, daß dieser Jesus mehr liebt als andere." Natürlich ist ein radikaler Christ ein Fanatiker, und zwar in der Weise, wie Jesus und Paulus es waren und wie es nur allzu viele, die sich Christen nennen, nicht sind, aber sein sollten. Er ist keine besondere Art von Christ. Er erfüllt einfach die Norm des Neuen Testamentes.

Der radikale Christ ist naiv genug anzunehmen, daß sein Herr und Meister auch wirklich meinte, was er sagte, als er erklärte: Wenn ein Mensch nicht Vater und Mutter, Weib und Kinder, Bruder und Schwester und sein eigenes Leben hasse, wenn er nicht sein Kreuz auf sich nehme und ihm folge, wenn er nicht alles, was er hat, verlasse, könne er nicht sein Jünger sein. Wenn ihn sein rechtes Auge oder die rechte Hand hindere, solle er das Auge ausreißen und die Hand abhacken. Hat je ein kommunistisches Manifest eine derart radikale Forderung enthalten?

Nur zu häufig geschieht es, nachdem die göttliche Saat in einem Menschenherzen aufgegangen ist – nachdem der Mensch das Reich Gottes durch die enge Pforte betreten hat und auf dem schmalen Weg geht –, daß der Prozeß, der zu immer größerer Entschiedenheit führen sollte, sich verlangsamt und schließlich zum Stillstand kommt. Ein solcher Mensch verfällt wieder in seine alte Denkweise. Immerhin fordert sie weit weniger, und wenn er sich umschaut, hat er den Eindruck, daß sich die meisten Christen in ähnlicher Weise „gefangen" haben. Das erleichtert natürlich sein Gewissen. Er schwimmt nicht mehr gegen den Strom, sondern läßt sich von der Strömung treiben oder schwimmt nur soviel, daß er sich an der Stelle halten kann, wo er ist, um nicht als „Rückfälliger" zu gelten. In Wirklichkeit aber ist er ein Rückfälliger. Er gehört nicht mehr zu den Aktiva im Reich Gottes und muß deshalb zu den Passiva gezählt werden.

Der Verlust des echten Radikalismus' hat die Christenheit wie mit einem Sauerteig von Heuchelei und Kompromißbereitschaft durchzogen. Die Warnung des Christus, die er am Ende des ersten Jahrhunderts an die Gemeinde von Laodizea richtete, gilt genauso für die Gemeinde am Ende des zwanzigsten Jahrhunderts: „Du bist weder heiß noch kalt. Wärst du nur das eine oder das andere! Aber dieser Mischmasch von Heiß und Kalt, dieses Lauwarme widert mich an. Tue Buße, bevor ich dich aus meinem Mund ausspeien muß" (Offb. 3,15-16 frei übersetzt). Das ist ein Ruf hin zu neutestamentlichem Radikalismus. „Wer ein Ohr hat, der höre, was der Geist der Gemeinde sagt" (Offb. 3,22).

MIT GOTT BEGINNEN

Es war in einem Schloß im schottischen Hochland. Ich war dort mit meiner Familie zu Gast bei einer gläubigen Frau, die das Schloß erst vor kurzem geerbt hatte und nun das Oberhaupt der Sippe geworden war. Das Schloß war historisch außerordentlich interessant, aber was uns am meisten faszinierte, waren die Ölgemälde ihrer Vorfahren, eine Ahnenreihe, die bis zu Baronen im Mittelalter zurückreichte. Man konnte die Familienähnlichkeit durch all die Jahrhunderte hindurch verfolgen, bis hin zum augenblicklichen Oberhaupt der Sippe. Wie geheimnisvoll und wunderbar ist doch das Gesetz der Vererbung!

Im 1. Johannesbrief, dem wahrscheinlich radikalsten Buch der ganzen Bibel, wird sehr deutlich, daß jeder, der aus Gott geboren ist, Ähnlichkeit mit dem Vater aufweist. Wer für sich in Anspruch nimmt, ein Kind Gottes zu sein, aber nicht die Familienmerkmale aufweist, brandmarkt sich selbst als Betrüger.

In diesem Kapitel wird uns deutlich werden, daß Gott im wahrsten Sinne des Wortes radikal ist. Bevor wir jedoch den Begriff „Radikalismus der Christen" näher untersuchen können, müssen wir uns ganz klar darüber sein, daß wir damit eine Eigenschaft behandeln, die ihren Ursprung in Gott hat. Deshalb werden wir jeden anderen Aspekt von Radikalismus, der dem Wesen Gottes fremd ist, von vornherein beiseite lassen. Es leuchtet ein, daß wir nicht jeden Aspekt behandeln können, wohl aber wollen wir eine solide Grundlage schaffen für alles, was folgt. Wenn es darum geht, das Wesen Gottes zu betrachten, wollen wir uns nicht mit Nebensächlichkeiten befassen, sondern mit dem Wesentlichen.

„Gott ist Licht, und in ihm ist gar keine Finsternis", sagt Johannes (1. Joh. 1,5). Stellen Sie sich vor, man wollte einem Menschen, der in irgendeiner finsteren Höhle geboren wurde und noch nie das Tageslicht gesehen hat, das strahlende Licht der Sonne beschreiben. Ebenso unmöglich ist es für den natürlichen Menschen, das strahlende Licht von Gottes Reinheit zu erfassen.

Gott ist eine Sonne, aber ohne einen einzigen Sonnenflecken. In Aktion und Reaktion, in Wort und Tat, in Gedanken und Motiven ist er ohne den geringsten Makel, ohne eine Spur von Sünde. Er war immer heilig, er ist immer heilig und wird ohne Ende heilig sein. In gewaltigen Worten beschreibt ihn Paulus: „... der selige und allein Gewaltige, der König der Könige und der Herr der Herrschenden, der allein Unsterblichkeit hat, der in einem unzugänglichen Lichte wohnt, welchen kein Mensch gesehen hat noch sehen kann" (1. Tim. 6,15-16).

Der Zorn Gottes

Bevor wir die Intoleranz und Verbitterung des jungen Radikalen kurzerhand verurteilen, wollen wir ehrlich zugeben, daß er von Bestrebungen motiviert ist, denen er zwar auf die falsche Weise Ausdruck gibt, die aber immerhin auf einer höheren Ebene liegen als die Philosophie vieler seiner Zeitgenossen, die in dem Satz zum Ausdruck kommt: „Was willst du denn? Ich bin doch in Ordnung!" Er regt sich über die stumpfe Gleichgültigkeit der Privilegierten genauso auf wie über die scheinheiligen Argumente, die angeführt werden, um den Status quo zu verteidigen.

Der politisch Radikale hat seine eigenen erhabenen Ideale und seine eigene Vorstellung von Gerechtigkeit, und er reagiert entsprechend. Wollten wir sie jedoch mit Gottes Norm vergleichen, wäre das genauso, als breitete man ein schmuddeliges Bettlaken auf frischgefallenem Schnee aus. Es geht jedoch um das Prinzip. Ein heiliger Gott kann nicht anders, als mit Zorn und Unduldsamkeit auf alles zu reagieren, was im Widerspruch zu seiner Heiligkeit steht. In diesem ursprünglichen Sinne ist Gott radikal.

Wir alle haben schon Predigten über Gottes Liebe gehört, aber wer hat jemals eine Predigt über seinen Zorn gehört? Und doch hatten die Schreiber der Bibel mehr über seinen Zorn zu sagen als über seine Liebe, und das taten sie offenbar ohne Verlegenheit oder den Versuch, ihn zu erklären oder zu rechtfertigen. „Nun gut", wird vielleicht jemand sagen, „wenn man Sündern das Evangelium bringt, sollte dieser Punkt natürlich mit eingeschlossen sein." Aber bevor wir ihn achselzuckend als auf uns nicht zutreffend abtun, sollten wir beachten, daß Gottes Zorn im Alten Testament gewöhnlich seinem eigenen Volk galt und nicht den Heiden.

Sogar Moses Verhalten bei dem brennenden Busch rief Gottes Zorn gegen ihn hervor – und Mose war ein Mann Gottes. Im Neuen Testament ist es genauso. Der Brief an die Hebräer ist gerichtet an die „heiligen Brüder, die mit berufen sind durch die himmlische Berufung", und ihnen gilt die Warnung in Kapitel 10:

„Denn wenn wir freiwillig sündigen, nachdem wir die Erkenntnis der Wahrheit empfangen haben, so bleibt für Sünden kein Opfer mehr übrig, sondern ein schreckliches Erwarten des Gerichts ... Denn wir kennen den, der da sagt: ‚Die Rache ist mein; ich will vergelten!' und wiederum: ‚Der Herr wird sein Volk richten.' Schrecklich ist es, in die Hände des lebendigen Gottes zu fallen!" (Hebr. 10,26.30+31)

Wird damit nur ein Charakterzug Gottes betont? – Ja! Es ist aber der Wesenszug, der ignoriert wird. Wir müssen das Gleichgewicht wiederherstellen. Bevor wir uns jedoch mit dem Gegengewicht befassen, wollen wir Verstand und Herz diesem radikalen Aspekt in Gottes Charakter öffnen. Wir brauchen den Geist Gottes, damit derselbe Wesenszug auch in unserem Charakter ausgeprägt wird.

Zorn kontra Toleranz

Manche haben Schwierigkeiten, Zorn und Heiligkeit miteinander in Einklang zu bringen. Wir setzen Zorn mit Verlust an Selbstbeherrschung, Rachsucht und anderen ungöttlichen Eigenschaften gleich.

„Gottes Zorn", sagt J.I. Packer, „ist niemals geprägt von Launenhaftigkeit, Sichgehenlassen, Gereiztheit oder Gemeinheit, wie es der menschliche Zorn so oft ist ... Gott ist nur zornig, wenn Zorn erforderlich ist." Und tatsächlich ist Gottes Zorn so rein wie seine Liebe, und das eine widerspricht nicht dem anderen. R.A. Torrey geht so weit zu sagen, daß Gottes Liebe zum Sünder erst dann recht gewürdigt werden kann, wenn sie im Licht seines flammenden Zorns über die Sünde gesehen wird.

Wenn ein Christ etwas von Gottes Radikalität an sich hat, bedeutet das nicht, daß er bei bestimmten Anlässen zornig werden könnte, sondern daß er zornig sein muß, wenn er Gottes gerechten Zorn mitempfinden will. „Zürnet ihr, so sündiget nicht", sagt die Bibel. Das bedeutet, daß es eine Rechtfertigung für unseren Zorn geben muß. Und dann folgt: „Die Sonne gehe nicht unter über eurem Zorn” (Ps. 4,5; Eph. 4,26). Mit anderen Worten: „Schafft ihn euch von der Seele, nährt ihn nicht!” Zorn ist kein Sicherheitsventil für unseren unkontrollierbaren Ärger, oder für den Fall, daß wir unseren Willen nicht durchsetzen können, auch dann nicht, wenn man uns verletzt oder unrecht getan hat. Zorn ist nur als Reaktion auf einen Akt offensichtlicher Ungerechtigkeit, eine Beleidigung Gottes, angebracht.

Toleranz – ein Zeichen von Schwäche

Ein Grund, weshalb viele von uns einen gerechten Zorn überhaupt nicht in Erwägung ziehen, ist die allgemeine Tendenz in unserer heutigen Gesellschaft und besonders in religiösen Kreisen, Toleranz als höchste Tugend einzustufen, vor der jeder andere gerechte Grundsatz weichen müsse. Wir dürfen die Frucht des Geistes, nämlich Geduld oder Nachsicht, nicht mit einer weichlichen und schwächlichen Toleranz verwechseln. Die wird von denen verteidigt, die sich selbst gegenüber nachsichtig sind und erwarten, daß andere ihnen gegenüber die gleiche Haltung einnehmen.

Die folgenden Zeilen, die Robert Burns, dem schottischen Dichter, zugeschrieben werden, drücken die Auffassung des Menschen unserer Zeit aus:

„Es ist so viel Gutes in dem Schlechtesten unter uns und so viel Schlechtes in dem Besten unter uns, daß es jedem von uns schlecht ansteht, die anderen zu kritisieren.”

Diese Einstellung läßt uns alle in behaglicher Selbstzufriedenheit, außerhalb jeder Zurechtweisung oder Korrektur durch unsere Mitmenschen. Aber solche Empfindungen haben keinen Raum in Gottes Gedanken und sollten auch in uns keinen Raum haben.

In einer Gemeinde war ein freundlicher Mann, der verständnisvoll zuhören konnte, so daß die Leute gern zu ihm gingen, um ihr Herz auszuschütten. Seine Freundlichkeit war jedoch nicht mit göttlicher Härte und Strenge verbunden. Die Folge davon war, daß auch viele kamen, um ihre Kritik und ihre Vorbehalte gegenüber anderen Gemeindegliedern und sogar gegenüber dem Gemeindeleiter zu äußern. Obwohl er wußte, daß das nicht recht war, wehrte er sich nie dagegen. So gewannen die Leute den Eindruck, er denke auch so wie sie. Er war kein „Salz" für Gott. Weil er nicht so reagierte, wie Gott es von ihm erwartete, bekam Satan Einfluß, und am Ende wurde dieser Bruder selbst vom Feind angegriffen.

Wenn wir dazu aufgerufen werden, Gottes Intoleranz nachzuvollziehen, müssen wir natürlich ständig auf der Hut sein vor Selbstgerechtigkeit und Heuchelei. Die Neigung, unseren Bruder zu richten, während wir in der gleichen Sache schuldig sind, ist immer in uns. Unser Herr warnte uns davor, den Splitter aus unseres Bruders Auge zu ziehen, bevor wir nicht zuerst den Balken aus unserem Auge gezogen haben (Matth. 7,3-5).

Die Tugend der Intoleranz

Wenn wir die Bibel aufschlagen, ist das erste, was wir über Gottes Wesen erfahren, seine Intoleranz im Hinblick auf Vermischung. Es wird uns eine Welt vor Augen gestellt, die sich – obwohl von Gott geschaffen – aus irgendeinem ungenannten Grund in einem chaotischen Zustand befindet. Gott geht daran, das voneinander zu trennen, was nicht zusammengehört, zum Beispiel das Licht von der Finsternis. Wie die Schöpfung in den Zustand der Vermischung geriet, soll uns im Moment nicht interessieren. Die Theologen streiten sich noch immer darüber. Viel wichtiger ist, die geistliche Lektion zu verstehen, daß nämlich Vermischtes getrennt werden muß, wenn Gottes Absicht mit seiner Schöpfung erfüllt werden soll.

Der gleiche Grundsatz kommt im Mosaischen Gesetz zum Ausdruck. Zum Beispiel durfte ein Israelit nicht mit einem Ochsen und Esel, die zusammen in einem Joch gespannt waren, pflügen (5. Mo. 22,10; 3. Mo. 19,19). Paulus gebraucht dieses Bild, um das zu verbieten, was man später „das ungleiche Joch" nannte, nämlich, wenn ein Gläubiger eine Bindung an einen Ungläubigen eingeht, sei es in der Ehe, im Geschäftsleben oder irgendeiner Partnerschaft (2. Kor. 6,14).

Ebenso intolerant ist Gott im Hinblick auf theologische Vermischung, wie zum Beispiel den Versuch, Gegensätze zu verschmelzen und widersprüchliche Lehrsätze in einem System zu vereinigen, nur um zu einer Übereinstimmung zu kommen. Das Endprodukt ist nicht die Einheit des Geistes. Bestenfalls kann eine Vermischung von Wahrheit und Unwahrheit, von Licht und Finsternis dabei herauskommen, die uns jedoch in einem unklaren Zwielicht läßt.

Die Art religiösen Eintopfs, die unter der Bezeichnung „Weltkirchenrat" bekannt ist und die darauf zu beruhen scheint, daß man den kleinsten gemeinsamen Nenner herausfindet, dem alle Beteiligten zustimmen können, ist ebenfalls Gott ein Greuel. Denn er „schmeckt" nach oberflächlicher Toleranz und Kompromissen, die dem Wesen Gottes fremd sind, weil er die Wahrheit ist.

Vermischung in bezug auf Gemeindemitgliedschaft ist ein Hauptgrund für die Schwachheit des Leibes Christi.

Paulus sagt: „Was hat das Licht für Gemeinschaft mit der Finsternis?” (2. Kor. 6,14). Wie kann also ein wiedergeborener Geistlicher gemeinsame Sache machen mit einem anderen, der offensichtlich nicht wiedergeboren ist? Ist dies nicht das „ungleiche Joch” in einer anderen Form? Nur zu viele Diener Gottes haben sich vom Feind in die gleiche Art von Kompromißbereitschaft hineinmanövrieren lassen wie der König Josaphat, dessen sonst so vorbildliche Regierung dadurch beeinträchtigt wurde. Immer wieder verunehrte er Gott, indem er sich mit dem gottlosen und abgöttischen König von Israel verbündete. „Ich werde mit dir ziehen”, sagte er. „Ich bin wie du, und mein Volk ist wie dein Volk.” Was für ein Unsinn! Seine Worte bedeuteten Verrat an seiner Stellung als Diener Gottes. Kein Wunder, daß die gemeinsamen Expeditionen fast in Katastrophen endeten.

Ortsgemeinden, die nicht auf dem Fundament einer persönlichen Hingabe an Christus gegründet sind, stellen ein weiteres Beispiel geistlicher Vermischung dar. Zu solchen Gemeinden gehören Menschen, die lediglich religiös sind, neben anderen, die echtes Leben aus Gott haben. Dabei taucht die Frage auf, was in Gottes Augen recht ist. Der radikale Christ kann, weil er ein Kind Gottes ist, nicht überhören und übersehen, was dem Maßstab des Neuen Testaments nicht gerecht wird, und zwar sowohl in der Gemeinde als auch in anderen christlichen Organisationen. Er kann sich nicht von der Furcht bestimmen lassen, man mache ihm den Vorwurf, er wolle heiliger sein als andere. Er wird zu seiner Überzeugung stehen, koste es, was es wolle. Und manchmal kostet es „auszugehen von ihnen und sich abzusondern” (2. Kor. 6,17).

Gott – das haben wir gesehen – ist der Sünde gegenüber immer intolerant. Doch es gibt bestimmte Sünden, die ihn zu bedeutend schärferen Reaktionen veranlassen als in anderen Fällen. Wenn Ungerechtigkeit oder Unechtheit Eingang in das Haus Gottes finden oder bei denen gefunden werden, die behaupten, ihn zu repräsentieren, ist Gott äußerst empfindlich und zeigt sich in höchstem Maße intolerant. Die beiden Söhne des Priesters Eli waren schlimme Burschen. Sie gingen geringschätzig mit dem Opfer des Herrn um und unterhielten unerlaubte Geschlechtsbeziehungen zu den Frauen, die an der Stiftshütte dienten. Weil Eli die Verantwortung trug, zog Gott ihn zur Rechenschaft. Eli versuchte, seine Söhne zurechtzuweisen, doch sie hörten nicht auf ihn. Er hatte ihrem Treiben viel zu lange zugesehen. Jahrelange Kompromisse hatten seine Autorität untergraben.

Dann kam ein Mann Gottes mit einer Botschaft vom Himmel zu Eli. „Warum tretet ihr denn aus lauter Bosheit meine Schlachtopfer und Speisopfer, die ich verordnet habe, mit Füßen? Und du ehrst deine Söhne mehr als mich, und ihr mästet euch von den Erstlingen aller Speisopfer meines Volkes Israel!" (1. Sam. 2,29). Beachten Sie, daß es nicht ihre Unmoral war, die Gott hervorhob, sondern die Tatsache, daß sie das Haus Gottes entweiht hatten. Der springende Punkt, weshalb sich Eli zu verantworten hatte, war, daß er seine Söhne mehr ehrte als Gott. Er hielt sie nicht von ihrem Tun ab, denn er fürchtete sie mehr als den Herrn. Gott sah die Toleranz des Eli nicht als Schwachheit an, sondern als Sünde, die um so schmerzlicher war, weil er ein heiliges Amt bekleidete, eine Vorzugs- und Vertrauensstellung. Gott erinnerte ihn daran:

„Habe ich mich nicht deines Vaters Hause geoffenbart, als sie noch beim Hause des Pharao in Ägypten waren? Ja, ihn habe ich mir daselbst vor allen Stämmen Israels zum Priester erwählt, daß er auf meinem Altar opfere, Räucherwerk anzünde und das Ephod vor mir trage; und ich habe dem Hause deines Vaters alle Feueropfer der Kinder Israel gegeben! Warum tretet ihr denn aus lauter Bosheit meine Schlachtopfer und Speisopfer, die ich verordnet habe, mit Füßen?" (1. Sam. 2,27-29)

Jemand, der geistliche Verantwortung trägt und in Sünde lebt oder sie entschuldigt, wird härter bestraft werden als ein anderer, der keine Verantwortung trägt. „Welchem viel gegeben ist, bei dem wird man viel suchen" (Luk. 12,48). Der gleiche Grundsatz liegt der Warnung des Jakobus zugrunde: „Werdet nicht in großer Zahl Lehrer, meine Brüder, da ihr wisset, daß wir ein strengeres Urteil empfangen!" (Jak. 3,1)

Gottes letzte Warnung an Eli (1. Samuel 3,11-14) brachte nur noch eine passive, fatalistische Reaktion in ihm hervor: „Es ist der Herr; er tue, was ihm wohlgefällt!" Reue und Besserung hätten die Lage noch retten können, doch Eli zeigte nicht die geringste Spur von Radikalismus. Deshalb brach schließlich das Gericht über ihn herein.

Gott haßt Abgötterei

Gott ist radikal in seiner schonungslosen Abneigung gegenüber jeglicher Art von Abgötterei. Als Israel im Begriff war, das Land Kanaan einzunehmen, sagte er ihnen: „Du wirst alle Völker verschlingen, die der Herr, dein Gott, dir gibt. Dein Auge soll ihrer nicht schonen, und du sollst ihren Göttern nicht dienen; denn das würde dir zur Schlinge werden" (5. Mose 7,16). Dieser scheinbar unbarmherzige Befehl war einerseits die Axt göttlichen Gerichts über die Nationen, deren Maß an Sünde nun voll war (1. Mose 15,16). Andererseits sollte er Israel vor einer Infektion mit dieser geistlichen Krankheit bewahren. Der göttliche Chirurg wollte Israel als sein Messer benutzen, um ein Krebsgeschwür aus der Menschheit herauszuschneiden. Chirurgie ist eine radikale Behandlung!

Wer die Auffassung vertritt, Gottes Handlungsweise bei der Ausrottung der Kanaaniter sei grausam und rachsüchtig gewesen, hat das Wesen des Götzendienstes noch nicht verstanden. Wir sprechen nicht nur von äußeren Formen, Gebräuchen und Zeremonien, von Altären und Götzenbildern. Götzendienst kann dort geschehen, wo all diese Dinge nicht vorhanden sind. Sogar die Gläubigen des Neuen Testamentes werden gewarnt, sich vor den Abgöttern zu hüten. Abgötterei ist etwas Verführerisches, wodurch langsam und unmerklich das Herz von Gott abgezogen wird.

Heilige Eifersucht

Wie das Volk Israel stehen auch wir in einem Bund mit dem Herrn. Gott vergleicht dieses Verhältnis mit der Ehe. Die Propheten erhoben immer wieder ihre Stimmen gegen Israels Götzendienst und bezeichneten ihn als Bruch des Ehebundes mit Gott. Das war gleichbedeutend mit ehelicher Untreue (Jer. 2,2+20; 3,1-9).

Auch im Neuen Testament wird Freundschaft mit der Welt als geistlicher Ehebruch beschrieben (Jak. 4,4). Das beleuchtet eine andere Seite von Gottes Wesen. Er ist ein eifersüchtiger Gott, obwohl seine Liebe frei von selbstsüchtigem Besitzdenken ist. Das geht aus Johannes 3,16 deutlich hervor. Jeder Mann, der seine Frau von Herzen liebt, wird zwangsläufig in Eifersucht geraten, wenn er sieht, daß sie sich für einen anderen interessiert. Zorn, Eifersucht und Intoleranz werden ihn zum Handeln zwingen. Ähnlich bedeutet Gottes Eifersucht,daß er keinen Nebenbuhler dulden kann. Gerade die Härte, mit der er auf eine Bedrohung der „Ehe" reagiert, beweist die Tiefe seiner Liebe.

Gott ist unwandelbar

Noch zahlreiche andere Aspekte von Gottes Radikalität werden uns im weiteren Verlauf dieser Ausführungen begegnen. Haben Sie auch das Empfinden, der Gott des Alten Testaments sei ein Gott der Rache und der des Neuen Testaments ein Gott voller Liebe und Gnade? Ich empfinde das auch. Aber andererseits glaube ich auch, daß der Gott des Alten Testaments ein Gott der Liebe und Gnade und der des Neuen Testaments ein strafender Gott ist – insbesondere in der Offenbarung! „Denn ich, der Herr, verändere mich nicht" (Mal. 3,6).

Wir können sicher sein, daß der Gott des Neuen Testaments nicht mehr und nicht weniger tolerant ist als der des Alten Testaments. Das Alte Testament berichtet, wie zwei Priester, Nadab und Abihu fremdes Feuer in das Haus Gottes brachten und von den Flammen verzehrt wurden. Das Neue Testament berichtet, wie zwei Gläubige, und damit neutestamentliche Priester, Ananias und Saphira, ein ähnliches Vergehen begingen und auch tot zu Boden fielen. Nicht nur der Gott des Sinai, auch *unser Gott ist ein verzehrendes Feuer* (Hebr. 12,29). Das klingt in meinen Ohren ziemlich radikal.

DIE GROSSE SCHEIDUNG

Toni besuchte eine englische Privatschule, wo er sich zu einem Rebellen gegen die bürgerliche Gesellschaft, in der er aufgewachsen war, entwickelte. Schließlich trat er der Kommunistischen Partei bei. Eines Tages fand er jedoch in Christus eine „radikale Alternative". Er schreibt:

„Im Alter von siebzehn Jahren war ich zu einem jungen Mann voller Zorn und Auflehnung geworden. Religion, Tradition und Autorität verachtete ich. In meinem Innern und – wenn ich den Mut hatte – auch nach außen hin meuterte ich gegen die Heuchelei der Gesellschaft; gegen gesellige Zusammenkünfte, bei denen die Leute höflich zueinander waren, aber hinter dem Rükken einander fertig machten; gegen die „Kapitalistenschweine"; gegen das Rennen und Jagen nach Ansehen und immer mehr Reichtum, der jedoch – wie ich sehen konnte – keinen wirklich glücklich machte; gegen eine Religion, die nur der äußeren Form nach bestand, in der die Menschen darum beteten, daß Gottes Wille geschehe, und dann doch so lebten, wie es ihnen paßte; gegen die Kluft zwischen Arm und Reich ... Ich zog die Privatschulen ins Lächerliche und setzte die herab, die sich anmaßten, etwas Besseres zu sein, nur weil sie zufällig in eine bestimmte Gesellschaftsschicht hineingeboren worden waren."

Es war etwa in der Zeit der großen Vietnam-Demonstrationen in London im Jahre 1968. Toni fühlte sich zunehmend zur marxistischen Ideologie hingezogen. Überall in der westlichen Welt wurden junge Leute von einer revolutionären Strömung erfaßt.

„Wir sahen Bilder von Studenten, die das Establishment in Frankreich, Deutschland und den Vereinigten Staaten bekämpften, und stellten uns vor, wir sähen den Todeskampf des dekadenten kapitalistischen Systems in der Weltrevolution, die das neue Zeitalter des Friedens und Sozialismus herbeiführen würde. In einer solchen Welt war kein Platz für Gott. Die Religion und auch die anderen Ideologien, die die Menschheit gebunden und betrogen hatten, würden auf den Abfallhaufen der Geschichte geworfen werden. Ich begann, meine Seele mit kommunistischen Ideen zu füttern. Der Zorn und Groll meiner Jugendjahre schoß ins Kraut und wuchs sich zu einem glühenden Haß auf das kapitalistische System und dem Wunsch, es möge bald vor die Hunde gehen, aus."

Tony verschlang immer mehr marxistische Literatur. Haß und Gewalt, die ihm in den Schriften von Fanon und Guevara begegneten, zogen ihn einerseits an, andererseits schreckten sie ihn ab. In Guevaras „Venceremos" las er:

„Haß ist ein Element des Kampfes, ein erbarmungsloser Haß auf den Feind. Er treibt uns weit über die natürlichen Begrenzungen, die dem Menschen vererbt worden sind, hinaus und macht aus ihm eine wirkungsvolle, grausame, kalte Tötungsmaschine. So müssen unsere Soldaten sein. Ein Mensch ohne Haß kann keinen brutalen Feind überwältigen."

Während einer Anti-Vietnam-Demonstration vor der amerikanischen Botschaft in London gab ihm ein Mädchen ein Traktat. Darin wurde die Einstellung von Karl Marx mit der von Jesus verglichen. Nach der marxistischen Lehre liegt die Schuld am Elend der Welt in dem wirtschaftlichen und politischen System. Nach der Lehre Jesu liegt sie in der Natur des Menschen. Es ist der Mensch, der verändert und durch eine geistliche Neugeburt von seiner Habgier, Selbstsucht und dem Haß befreit werden muß. Verändert man das politische System durch eine Revolution, werden die gleichen Übel, die unter dem Kapitalismus bestanden, auch unter dem Kommunismus wieder zum Vorschein kommen. Das begriff Toni ganz allmählich. Sogar die Schriften einiger Kommunisten bestätigen das. In der Hauptsache durch das Zeugnis und die Gebete eines gläubigen Jungen, den er in der Schule unterrichtet hatte, fand er die Antwort in Christus. Später traf er das Mädchen wieder, das ihm das Traktat gegeben hatte. Sie sind jetzt verheiratet und stehen gemeinsam im Dienst des Herrn.

Dieses Zeugnis ist eine lebendige Illustration für den großen Unterschied zwischen der revolutionären Philosophie der Welt, sowohl der rechts- wie der linksgerichteten, und der des Reiches Gottes.

Der politisch Radikale wird von einer Gesinnung des Hasses motiviert, weil er entweder ein Opfer der Ungerechtigkeit wurde, oder weil, wie bei Toni, sein Gerechtigkeitsempfinden verletzt worden war. Er hatte erlebt, daß sich hinter der Fassade der Menschen nur Heuchelei verbarg, und gesehen, welche Argumente sie vorbrachten, um ihre eigene Haltung und Handlungen zu rechtfertigen. Zeuge zu werden von menschlicher Unmenschlichkeit schafft häufig eine explosive Mischung von Zorn, Groll, Haß und Rebellion. Wenn dann Menschen mit der gleichen Geisteshaltung zusammenkommen, reicht oft ein Funke, um das Pulverfaß zur Explosion zu bringen.

Das richtige Gleichgewicht

Im vorigen Kapitel sahen wir Gottes Wesen unter dem Blickwinkel des Radikalismus. Jetzt müssen wir die andere Seite in Betracht ziehen. Das ist wichtig, nicht nur, um unserer Ansicht über dieses Thema das entsprechende Gegengewicht zu geben, sondern auch, um uns deutlich vor Augen zu führen, wie menschlicher Radikalismus, verglichen mit der unbefleckten Reinheit des göttlichen Radikalismus, selbst im besten Falle befleckt und besudelt ist.

Die Bibel sagt uns, daß Gott Liebe ist und daß Gott Licht ist. Das sind keine sich widersprechenden, sondern sich ergänzende Aspekte. In Gottes Liebe ist vollkommenes Licht und vollkommene Liebe. Sollten wir das noch nicht erkannt haben, ist unsere Vorstellung von Gott und seinem Wesen verzerrt. Im Römerbrief, wo Paulus von Gottes Gericht über Israel wegen des Unglauben des Volkes spricht und beschreibt, wie die natürlichen Zweige „des Ölbaums" ausgebrochen wurden, so daß wir Heiden eingepropft werden konnten, betont er: „So schaue nun die *Güte und die Strenge Gottes*" (Röm. 11,22). Die modernen Theologen neigen dazu, nur Gottes Freundlichkeit zu sehen und seine Strenge außer acht zu lassen. Das führt jedoch zu einem völlig falschen Gottesbild. Wir hätten es dann mit einem nachsichtigen Gott zu tun, der angesichts der Sünde des Menschen stets ein Auge zudrückt, ihm einen leichten

Klaps auf den Rücken gibt und ein freundliches „Na, na!" spricht. Wer dagegen lediglich seine Strenge in Betracht zieht und seine Freundlichkeit übersieht, für den ist Gott ausschließlich ein schrecklicher Gott, dessen Gebote wir nur aus Furcht vor Strafe befolgen. Beides sind Karikaturen von dem Gott und Vater unseres Herrn Jesus Christus.

Es sollte nicht schwierig sein, die Züchtigungen Gottes anzunehmen, wenn wir sehen, daß sie ein Ausdruck seiner väterlichen Liebe sind und nur den Zweck haben, uns umzugestalten und ihm ähnlich zu machen.

„Denn welchen der Herr lieb hat, den züchtigt er, und er geißelt einen jeglichen Sohn, den er aufnimmt" (Hebr. 12,6).

Jesus, das Ebenbild Gottes

Da Jesus das vollkommene Abbild Gottes war, ist es nicht verwunderlich, daß wir bei ihm dasselbe vollkommene Gleichgewicht zwischen Liebe und Strenge feststellen. Seine Wehrufe über die Schriftgelehrten und Pharisäer in Matthäus 23 enthalten die schärfste Verurteilung und Kritik in der ganzen Heiligen Schrift. Sie enden mit den schrecklichen Worten: „Ihr Schlangen! Ihr Otterngezücht! Wie wollt ihr dem Gericht der Hölle entgehen?" Doch kaum hatte er die Worte ausgesprochen, laufen ihm die Tränen über die Wangen, als er in die herzzerreißende Klage ausbricht: „Jerusalem, Jerusalem, die du tötest die Propheten und steinigst, die zu dir gesandt sind! Wie oft habe ich deine Kinder sammeln wollen, wie eine Henne ihre Küchlein unter die Flügel sammelt, aber ihr habt nicht gewollt!" (Matth. 23,37).

Wie bereits erwähnt, ist eine klare, kompromißlose Verkündigung der gerechten Forderungen Gottes angebracht. Wer Gottes Zorn verkündigt, sollte sich aber davor hüten, mit einem erbarmungslosen Herzen und einer kalten Stimme zu sprechen.

Eine bestimmte Pfarrstelle war vakant, und Kandidaten, die in Frage kamen, sollten eine Predigt halten. Einer von ihnen sprach über den Text: „Die Ungerechten werden in die ewige Pein gehen." In der Sitzung des Kirchenvorstandes entschied man sich, daß dies nicht der geeignete Mann sei. Am folgenden Sonntag kam ein anderer Anwärter und predigte über den gleichen Text. Anschließend erhielt er die einstimmig beschlossene Einladung, die Pfarrstelle zu übernehmen. Als jemand bei den Presbytern gegen die Inkonsequenz ihrer Entscheidung protestierte, erwiderten sie: „Der Mann, dem wir die Pfarrstelle angeboten haben, hat mit Tränen in den Augen über den Text gepredigt. Als der andere jedoch verkündete, die Ungerechten würden in die Hölle kommen, schien er darüber noch erfreut zu sein."

Niemand anderes als das Lamm wird an dem kommenden Tag des Gerichts den Vorsitz führen, das sanftmütige und demütige Lamm, das erwürgt wurde und sich selbst für die Sünde der Welt geopfert hat. Dem, der in der Stunde seines Todeskampfes rief: „Vater, vergib ihnen, denn sie wissen nicht, was sie tun!", ist alles Gericht übertragen worden. Im Buch der Offenbarung wird beschrieben, wie sich die Großen auf Erden – Könige, Fürsten, Generäle, die Reichen und die Mächtigen, Sklaven und Freie – in Höhlen und Felsspalten verkriechen und zu den Bergen und Felsen sagen: „Fallet auf uns und verberget uns vor dem Angesichte dessen, der auf dem Throne sitzt, und vor dem Zorn des Lammes!" (Offb. 6,15-16). Das ist die letzte Feuerprobe, die die ungläubige Menschheit über sich ergehen lassen muß – ein Zorn, schrecklich wegen seiner Reinheit, mächtig wegen seiner Sanftmut, verheerend wegen seiner Zartheit: *Der Zorn des Lammes.*

Das Natürliche und das Geistliche

Einige der wesentlichen Bestandteile des politischen Radikalismus haben wir bereits erwähnt. Wir wollen sie jetzt den Eigenschaften des göttlichen Radikalismus gegenüberstellen. *Haß* ist, wie wir gesehen haben, ausnahmslos die treibende Kraft im menschlichen Radikalismus. Es war nicht genug für Jesus, lediglich den Haß zu verbieten; er begegnete diesem tödlichen Negativum, indem er ein herrliches Positivum verkündigte: „*Liebet* eure Feinde, segnet, die euch fluchen, tut wohl denen, die euch hassen, und bittet für die, so euch beleidigen und verfolgen" (Matth. 5,44). Und dann schüttete er die Liebe Gottes in die Herzen seiner Jünger, indem er ihnen seinen Heiligen Geist gab, damit sie es verwirklichen konnten. Auf diese Weise wurde Stephanus fähig, dem Beispiel seines Meisters so genau zu folgen: Als sie ihn zu Tode steinigten, rief er aus: „Herr, rechne ihnen diese Sünde nicht zu!" (Apg. 7,60).

Was die *Rebellion* anbelangt, hat Jesus, obwohl es zu seiner Zeit auch revolutionäre Bewegungen gab, sich ihnen niemals angeschlossen. Als die Menge ihn zum König machen wollte, entwich er (Joh. 6,15). Als seine Jünger ihn darüber informierten, daß gewisse Griechen ihn zu sehen wünschten, gab er ihnen kein Interview, sprach aber statt dessen von der Notwendigkeit, daß das Weizenkorn in die Erde fallen und ersterben müsse (Joh. 12,20-24). Vor Kaiphas blieb Jesus still, bis der Hohepriester ihn beschwörte, doch zu sagen, wer er sei. Erst dann antwortete Jesus. Es war ein Akt des Gehorsams dem Herrscher des Volkes gegenüber (Matth.

26,63-64). Paulus handelte ähnlich, als er entdeckte, daß der, den er eine getünchte Wand genannt hatte, der Hohepriester war. Er befolgte öffentlich die Schriftstelle: „Den Obersten deines Volkes sollst du nicht schmähen" (Apg. 23,1-5).

Die neutestamentlichen Schreiber sprechen einstimmig vom Gehorsam der weltlichen Obrigkeit gegenüber. Wir gehorchen nicht, weil diese Obrigkeit unbedingt gut, richtig und gerecht wäre. Wir sind ihr gehorsam, weil sie von Gott eingesetzt wurde. „Wer sich also der Obrigkeit widersetzt, der widerstrebt der Ordnung Gottes ... So gebet nun jedermann, was ihr schuldig seid: Steuer, dem die Steuer, Furcht, dem die Furcht, Ehre, dem die Ehre gebührt" (Röm. 13,2+7). Das ist ein völlig unakzeptabler Grundsatz für den weltlichen Radikalen oder Revolutionär, denn es beraubt ihn seiner – wie er meint – Hauptwaffe. Sprüche 24,21 verbindet den Gehorsam gegenüber der göttlichen Autorität mit dem Gehorsam der weltlichen gegenüber: „Fürchte den Herrn, mein Sohn, und den König, und laß dich nicht mit Neuerungssüchtigen ein." Oder wie es die „Living Bible" ausdrückt: „Verbünde dich nicht mit Radikalen."

Rebellion endet gewöhnlich in Gewalttat. Ihre wichtigsten Mittel sind Proteste, Demonstrationen und politischer Druck. Wenn diese nicht schnell genug zum Ziel führen, greifen die Rebellen zu Waffengewalt, zu Revolver und Bombe, um ihren Willen durchzusetzen. Sie sind entschlossen, das zustande zu bringen, was die Menschen brauchen, auch wenn es nicht das ist, was die Leute möchten. Und so greift man zum Mittel der Tyrannei, um Tyrannei zu überwinden.

Eine solche Handlungsweise ist himmelweit entfernt von dem Geist Jesu Christi, der durch die Worte Jesu vor Pilatus zum Ausdruck kommt: „Mein Reich ist nicht von dieser Welt; wäre mein Reich von dieser Welt, so hätten meine Diener gekämpft, daß ich den Juden nicht ausgeliefert würde; nun aber ist mein Reich nicht von hier" (Joh. 18,36).

In *Saulus, dem Pharisäer,* und *Paulus, dem Apostel,* finden wir in einer Person beides vereint, den weltlichen und den christlichen Radikalen. Der fanatische Pharisäer auf seinem Weg nach Damaskus schnaubt mit Drohen und Morden gegen die Jünger des Herrn. Ananias wird zu ihm geschickt, um ihm zu dienen, aber er ist trotz der Zusicherungen des Herrn, absolut nicht begeistert von diesem Auftrag. Und nun sehen Sie sich die Ältesten der Gemeinde zu Ephesus an, wie sie sich um den Apostel Paulus scharen, während er niederkniet und zum letzten Male mit ihnen betet. Alle weinen, während sie ihn küssen und umarmen, weil sie wissen, daß sie das Gesicht dieses bewährten, furchtlosen Apostels zum letzten Mal gesehen haben. Hier haben wir einen Radikalen anderer Art vor uns.

Hüten wir uns vor weltlichen Methoden!

Wenn wir uns mit dem radikalen Element im Reich Gottes beschäftigen, berühren wir Hochspannungskabel, und wir müssen genau wissen, was wir tun. Nur zu leicht geschieht es, daß wir den Geist und die Methoden der Welt in den geistlichen Bereich übernehmen. Die Ergebnisse sind katastrophal. Das wird deutlich, wenn große Worte oder Taten dazu führen, daß man verwundet, statt zu heilen; auseinandertreibt, statt zusammenzubringen; abreißt, anstatt aufzubauen. Es erfordert Wahrhaftigkeit, Mut und Demut, sich das Ergebnis in solchen Fällen anzuschauen, ohne sich etwas vorzumachen, und sich zu fragen: „Haben wir recht gehandelt?" Das Argument, der Betroffene sei der Autorität gegenüber nicht gehorsam, ist vielleicht nicht die ganze Wahrheit oder nicht einmal eine Teilwahrheit. Manchmal sind die negativen Ergebnisse die Folge einer strengen, ungeschickt angewandten Autorität. Es mag sein, daß ein radikales Handeln erforderlich war, aber welcher Art war es? War es göttlich oder menschlich?

Es ist das *Lamm,* das den Geist des Kreuzes zum Thron mitgenommen hat. Und es ist das Lamm auf dem Thron, das eines Tages zu Gericht sitzen wird. Wenn Jesus Christus unterdessen seinen Dienern gestattet, in bestimmten Situationen Gericht zu üben, muß es im Geist des Lammes geschehen. Das Lamm ist das Symbol der Sanftmut, Demut und Opferbereitschaft. Härte und Agressivität kommen aus einer stolzen Gesinnung. Andere korrigieren – so sagt uns Paulus – sollte nicht in erster Linie Sache eines starken, sondern eines geistlichen Menschen sein. Es sollte nicht in einer Haltung der Überlegenheit, sondern im Geist der Sanftmut – dem Lammeswesen – und in demütiger Wachsamkeit geschehen, in dem Wissen, daß der Zurechtweisende vom gleichen Fehler übereilt werden kann (Gal. 6,1).

Eine kritische Gesinnung, die nur zum Destruktiven neigt, ist ebenso ein Punkt, vor dem wir uns hüten müssen. Es gibt Menschen, die sehr geschickt im Niederreißen, aber unfähig zum Aufbau sind. Sie sind sehr wohl in der Lage, fremdes Feuer auszulöschen, aber nicht, die wahre Flamme zu entzünden. Sie sind schnell dabei, einen Bruder bloßzustellen, aber langsam darin, ihn zu „bekleiden". Sie spüren jede Art von Pseudo-Geistlichkeit auf, entwickeln selbst aber keine wahre Geistlichkeit. Ein solcher Radikalismus ist wegen seiner eigennützigen Motivation zu verurteilen.

Es gibt einen „Säuretest" im Hinblick auf geistliche Autorität im Reich Gottes. Schmeckt sie nach Eigennutz oder nach Dienst? Dient sie dem persönlichen Interesse dessen, der sie ausübt, oder den Interessen des Menschen, über den sie ausgeübt wird? „Die Könige der Völker", sagt Jesus zu seinen Jüngern, „herrschen über sie ... *Ihr aber nicht also;* sondern der Größte unter euch soll sein wie der Jüngste, *und der Gebieter wie der Diener*" (Luk. 22,25+26). Wir sollten diese Verse mehrmals lesen, bis wir ihre Aussage voll und ganz begriffen haben. Derjenige, der herrscht, sollte dem gleich sein, der dient. Der Radikalismus des wahrhaft Radikalen muß vom Geist des Kreuzes geprägt sein. Nur das kann ihn zu der Hingabe führen, die das Beste für den anderen sucht und frei ist von jedem Anflug von Eigeninteresse und Wichtigtuerei.

Der radikale Christ ist stark, aber seine Härte ist verbunden mit Zartheit, die Überführung von Sünde mit Mitleid. Lukas berichtet uns, daß Jesus, nachdem er über Jerusalem geweint hatte, in den Tempel ging und die Händler hinaustrieb (Luk. 19,41-45). Hat der ein Recht, die Peitsche zu schwingen, der nicht vorher gelernt hat zu weinen? Wenn das Lammeswesen unseren Radikalismus durchdringt, wird seine Schneide geschärft und nicht abgestumpft. Aber statt Trennung und Zerstörung wird er Gerechtigkeit hinter sich lassen.

EIN WEITERER ASPEKT

Einer jener Kunstdrucke, auf denen Jesus abgebildet ist, schaute von der Wand im Hause eines Freundes auf mich herunter. Ich habe mich nie zu solchen Bildern hingezogen gefühlt. Kein Künstler kann die Göttlichkeit unseres Herrn porträtieren, lediglich seine Menschlichkeit. Deshalb kann man immer nur eine Hälfte von ihm darstellen. Da wir aber nichts über sein menschliches Aussehen wissen, muß jede Abbildung des Menschen Jesus ein Fantasieprodukt sein. Es fiel mir schwer, diesen mit goldenen Haaren abgebildeten Christus mit der äußeren Erscheinung eines Juden aus Palästina in Einklang zu bringen. Wieso sagt uns die Schrift nichts über Jesu menschliches Aussehen? Sicherlich deshalb, weil, ihn „nach dem Fleisch" zu kennen, uns hindert, ihn im Geist zu kennen (2. Kor. 5,16).

Ganz abgesehen davon, konnte ich mir nicht vorstellen, daß der Mensch Jesus wirklich so war, wie der Künstler ihn dargestellt hatte. Es fehlte etwas in bezug auf seinen Charakter. Die Freundlichkeit und die gewinnende Art kam zum Ausdruck, nicht jedoch die Entschlossenheit und Charakterstärke, die den Menschensohn auszeichnete. Wie oft werden in Charakterstudien über Jesus diese wesentlichen Merkmale übergangen! Man hat uns seine Sanftmut und Freundlichkeit vor Augen gestellt, seine Demut und Dienstbereitschaft, seine Barmherzigkeit und sein Mitleid, seine

Reinheit und Heiligkeit, ja auch seinen Glauben und seine Vollmacht, Wunder zu tun. Aber man hat den revolutionären Lehrer übersehen, den Polemiker, den Prediger, der seine Zuhörer herausforderte, den Mann, der Sitten und Gebräuche mißachtete, den unerbittlichen Gegner des religiösen Establishments, den Führer, der mit allen möglichen Typen, die auf die schiefe Bahn geraten waren, verkehrte und der mehr darauf bedacht zu sein schien, seine Kritiker herauszufordern als zu besänftigen. In diesem Kapitel wollen wir den radikalen Christus näher betrachten.

Aufruhr bei Hofe

Herodes der Große war, obwohl Edomit, König der Juden, und das stand im Widerspruch zum mosaischen Gesetz (5. Mose 17,15). Er war auf den Thron gekommen, weil er sich die Gunst des römischen Kaisers erworben hatte. Obwohl er ein fähiger und mächtiger Regent war, hatte seine überaus mißtrauische Natur jedesmal zu möderischen Ausbrüchen geführt, wenn er seinen Thron bedroht sah. Als jene vornehmen und geheimnisvollen Besucher aus dem Osten an den Hof des Herodes kamen und nach dem neugeborenen „König der Juden" forschten, waren sowohl Herodes als auch sein Gefolge und ganz Jerusalem zutiefst erschrocken.

Ein Baby niedriger Herkunft, in einem Stall geboren; ein Kind ohne Geld, Position oder Einfluß; einer, der nicht dazu geboren wurde, jemals ein Schwert zur Hand zu nehmen oder eine Armee anzuführen: Was also hatten die Könige und die Großen der Erde von einer so belanglosen Geburt zu befürchten? – Viel mehr, als sie je ahnen konnten! Herodes hätte zweifellos einen Schlaganfall erlitten, hätte er gewußt, daß dieses Kind nach dem Ratschluß des Allerhöchsten dazu berufen war, die Throne und Königreiche der Welt zu stürzen und die Nationen auf Erden zu richten.

Herodes wäre schockiert gewesen, hätte er gewußt, daß dieses mysteriöse Baby von Bethlehem die Verkörperung des Steines war, der „von keines Menschen Hand herausgeschlagen" und dazu bestimmt war, das große Bildnis (die Weltreiche der Menschheit) zu zerschlagen und die Königreiche der Erde wie „Spreu auf der Sommertenne" zu machen (Daniel 2,31-35). Innerhalb einer Generation würde Gott ihn als König auf dem heiligen Berg Zion einsetzen und ihm die Herrschaft, die Herrlichkeit und das Königreich übergeben, so daß alle Menschen, Nationen und Zungen ihm dienen sollten.

Es ist also nicht verwunderlich, daß die Geburt dieses revolutionären Weltherrschers solch einen Aufruhr in der herrschenden Gesellschaftsschicht verursachte. Der satanisch inspirierte Angriff auf sein Leben, der gleich darauf folgte, spiegelte den geistlichen Kampf wider, der von den Mächten der Finsternis entfacht wurde. Obwohl seine Gegner ihn nicht als den kommenden Weltherrscher, geschweige denn als den Messias von Israel erkannten, sahen sie in ihm ohne Zweifel einen Radikalen und Revolutionär. Wir sehen dieses Bild durch die inzwischen vergangenen Jahrhunderte und die Tatsache, daß uns die Geschichten in den Evangelien so vertraut sind, heute nicht mehr so klar.

Die Kennzeichen eines Radikalen

Das Volk der Juden, gelangweilt von den Gemeinplätzen der Schriftgelehrten, hörte in atemlosen Erstaunen die revolutionäre Lehre, die von den Lippen des Propheten von Nazareth kamen. Aber es war nicht nur seine Lehre, sein Lebensstil stimmte mit dem, was er lehrte, voll überein. Er konzentrierte sich mehr auf den inneren Zustand der Menschen, als auf ihren äußeren, ganz im Gegensatz zur vorherrschenden religiösen Mode. Er war in erster Linie am Herzenszustand, an der Einstellung des Menschen und seiner Motive interessiert, und wie allen Radikalen waren ihm Unechtheit und Scheinheiligkeit ein Greuel.

Seine Wertvorstellungen standen denen der geldliebenden Pharisäer diametral gegenüber. Alle materiellen Interessen waren bei ihm von untergeordneter Bedeutung gegenüber den alles überragenden Interessen des himmlischen Reiches. Er war voll glühenden Eifers, wenn die Ehre seines Vaters auf dem Spiel stand. Als er in seines Vaters Haus Krämer und Gauner fand, die sich auf Kosten der Tempelbesucher bereicherten, war er zutiefst empört. Er trat die Tische der Wechsler um, so daß das Wechselgeld in alle Richtungen rollte, und mit einer Geißel trieb er sie aus dem Heiligtum hinaus.

Sein Verhalten seiner irdischen Familie gegenüber schien zuweilen gar nicht zu ihm zu passen. Er zögerte nicht, die Sitte zu mißachten, wenn sie zwischen ihm und dem Willen Gottes stand, und religiöse Traditionen ignorierte er einfach. Was die Behandlung der Menschen, sowohl seiner Jünger als auch der anderen, anbelangte, traf sein Urteil und sein Rat immer mit unfehlbarer Genauigkeit den Kern der Sache.

Jesu Radikalismus wird am deutlichsten, wenn wir ihn in der Konfrontation mit den religiösen Führern seiner Zeit sehen. Manchmal waren seine Worte und Handlungen absichtlich provokativ, als sei er fest entschlossen, Probleme an die Oberfläche zu bringen. Er zögerte nicht, die schärfsten Ausdrücke zu gebrauchen, wenn es darum ging, ihre Scheinheiligkeit anzuprangern. Menschen mit üblem Charakter und Außenseiter der Gesellschaft fühlten sich jedoch unwiderstehlich zu ihm hingezogen.

Das war jedoch wiederum Wasser auf die Mühlen seiner Kritiker. „Gleich und gleich gesellt sich gern", mögen sie gespottet haben. Die Armen und Verachteten klammerten sich an seine Worte, während die anderen, die der Tradition und Religion verpflichtet waren, wütend davoneilten und einen Plan ausheckten, wie sie ihn endgültig mundtot machen könnten.

Wir wollen jetzt einige der angesprochenen Gesichtspunkte ausführlicher betrachten.

Familiäre Beziehungen

Als Kinder haben wir gehört, wie Jesus sich während seiner Kindheit und Jugend in seiner Heimatstadt Nazareth seinen Eltern völlig unterordnete. Noch am Kreuz, kurz vor seinem Tod, sorgte er für seine verwitwete Mutter und vertraute sie der Fürsorge des Jüngers an, den er liebte. Bei anderen Anlässen jedoch bleibt sein Verhalten seinen irdischen Familienangehörigen gegenüber unerklärlich, wenn wir uns nicht das radikale Element in seinem Charakter vor Augen halten.

Seine Eltern hatten ihren Zwölfjährigen zum Passahfest mit nach Jerusalem genommen. Auf der Rückreise entdeckten sie, daß er fehlte. Drei Tage später fanden sie ihn im Tempel, inmitten von Theologen, die sich über seine Klugheit wunderten. War er nicht alt genug zu begreifen, wie sehr sich seine Eltern um ihn gesorgt hatten? Nur zu gut verstehen wir Marias vorwurfsvolle Frage: „Mein Sohn, warum hast du uns das angetan? Siehe, dein Vater und ich haben dich mit Schmerzen gesucht."

Die Antwort des Jungen war tiefgründig, fast prophetisch, denn sie gab darüber Aufschluß, was für ihn ein Lebensprinzip werden sollte: „Wußtet ihr nicht, daß ich sein muß in dem, was meines Vaters ist?” (Luk. 2,48-49). Diese opferbereite Mutter, die bei seiner Geburt dem nachsann, was die Hirten zu ihr gesagt hatten, bekam nun wieder etwas, über das sie nachzusinnen hatte.

Als es auf der Hochzeit zu Kana in Galiläa an Wein mangelte, muß Maria wohl mit der Familie, die dafür verantwortlich war, mitgefühlt haben. Es war eine höchst peinliche Situation. „Sie haben keinen Wein mehr”, flüsterte sie ihrem Sohn zu. Darin lag eine leise Aufforderung, in dieser Lage etwas zu unternehmen und anzufangen, seine Vollmacht, Wunder zu tun, zu gebrauchen. Sie wußte ja, daß er die Macht besaß. Doch er entgegnete: „Weib, was habe ich mit dir zu schaffen? Meine Stunde ist noch nicht gekommen!” (Joh. 2,4). Seine Antwort war für die damalige jüdische Kultur zwar nicht unhöflich, doch warum diese sanfte Rüge?

Die Beziehung hatte sich verändert

Jesu Mission hatte gerade erst begonnen. Er hatte sein erstes Wunder noch nicht vollbracht. Maria hatte recht. Jetzt war die Gelegenheit dafür gekommen. Aber sie mußte lernen, daß sich ihre Beziehung zueinander verändert hatte. Beginn und Zeitpunkt dieses Ereignisses mußte auf eine Eingebung des Geistes hin erfolgen, der jetzt auf ihm ruhte. Wenn Maria auch eine begnadete Frau war, mußte sie doch lernen, daß ihr Sohn in den Dingen, die seinen Dienst betrafen, nur auf seines Vaters Geheiß hin handeln konnte. Ihre besondere menschliche Beziehung mußte jetzt in den Hintergrund treten. Diese Lektion wurde noch verstärkt durch einen späteren Vorfall.

Das Haus, in dem Jesus predigte, war zum Bersten voll mit Menschen. Da wurde ihm die Nachricht übermittelt, seine Mutter und Brüder seien draußen und möchten ihn sprechen. Dieses Ansinnen hätte ihn genötigt, seine Rede zu unterbrechen. „Wer ist meine Mutter oder meine Brüder?" fragte er. Dann schaute er auf die, die um ihn herum saßen, und ergänzte: „Siehe da, meine Mutter und meine Brüder! Denn wer den Willen Gottes tut, der ist mir Bruder und Schwester und Mutter" (Mark. 3,31-35).

Die Forderungen seiner Familie standen den Forderungen seines Dienstes entgegen – das war das Problem. Er mußte der geistlichen Beziehung den Vorrang gegenüber der natürlichen geben. Diesen Grundsatz faßte er später in eine der radikalsten Aussagen zusammen, die jemals über seine Lippen kamen: „Wenn jemand zu mir kommt und nicht seinen Vater und die Mutter, Weib und Kinder, Brüder und Schwesten haßt, dazu aber auch seine eigene Seele, der kann nicht mein Jünger sein" (Luk. 14,26). Bei einer anderen Gelegenheit äußerte ein Mann die Bereitschaft, Jesus zu folgen. Dabei setzte er voraus, daß er sich zuerst von seinen Angehörigen verabschieden dürfe. Doch er erhielt die Antwort: „Wer seine Hand an den Pflug legt und zurückblickt, ist nicht geschickt zum Reiche Gottes!" (Luk. 9,62). Wenn es um menschliche Beziehungen geht, müssen die göttlichen Forderungen den Vorrang haben. Das hat Jesus nicht nur gelehrt, er hat es auch praktiziert.

Sie brauchen keine Angst zu haben, dieses radikale Element, das wir in den menschlichen Beziehungen unseres Herrn sehen, könnte dazu führen, daß Familien um des Reiches Gottes willen, vernachlässigt werden. Wo immer das geschieht, liegt ein Mißverständnis und eine falsche Umsetzung dessen vor, was Jesus lehrte. Er selbst gibt uns den Schlüssel zu der Frage, was mit *Haß* gemeint ist, indem er fortfährt und davon spricht, das eigene Leben ebenso zu hassen. Aus dem Zusammenhang hier und auch aus anderen Stellen wird deutlich, daß es heißt, das Kreuz auf sich zu nehmen (Luk. 14,27).

Ein Mensch haßt sein eigenes Leben, wenn er bereit ist, das Kreuz anzunehmen, indem er das Weizenkorn wird, das in die Erde fällt und erstirbt (Joh. 12,24). Ein Mensch haßt Vater und Mutter, Frau und Kinder, wenn er bereit ist, diese menschlichen Beziehungen vom Kreuz berühren zu lassen. Hat jemals ein Mensch in seinem geistlichen Leben Schaden genommen, wenn er das Kreuz auf sich genommen hat? Warum meinen wir also, daß das gleiche Prinzip unserer Familie, die wir lieben, Schaden zufügen könnte? Das Kreuz mag oftmals verwunden, aber es fügt niemals Schaden zu.

Wenn wir denen gegenüber, die wir lieben, weichherzig, sentimental und nachgiebig sind, bedeutet das, daß uns mehr daran gelegen ist, ihnen zu gefallen als Gott. Und das – nicht das andere – ist die Haltung, die auf geistlichem Gebiet Schaden anrichtet. Wenn das Kreuz in unsere Beziehungen hineinkommt, sind wir bereit, Opfer und Leiden, Trennung und Selbstverleugnung auf uns zu nehmen, falls es Gottes Wille von uns fordert. Aber das Ergebnis wird immer Segen sein! Schauen Sie auf Abraham. Der Grundsatz des Kreuzes in seinen menschlichen Beziehungen war die große Lektion, die er sein ganzes Leben hindurch zu lernen hatte, bis er endlich bereit war, sogar seinen Sohn Isaak auf den Altar zu legen. Und das war das Beste, was er je getan hat, sowohl für Isaak als auch für sich selbst.

Jesus behandelt die Wurzeln

Wir wollen uns jetzt der Frage zuwenden, wie Jesus die verschiedenen Menschen behandelte, die zu ihm kamen. Hierin war er nicht nur meisterhaft, er war radikal. Warum wies er den reichen Jüngling nicht an, den Zehnten von seinem Besitz den Armen zu geben? (Luk. 18,18-25). Oder hätte es nicht gereicht, ihn dazu zu überreden, den reichen Zachäus zu imitieren und die *Hälfte* seiner Güter wegzugeben? Nein, Jesus verlangt von ihm, er solle *alles* verkaufen und *alles* hergeben. Warum? Sein Problem bestand nicht darin, daß er großen Reichtum besaß, sondern darin, daß sein großer Reichtum ihn besaß. Das Auge des Chirurgen hatte das Krebsgeschwür, genannt Geldliebe, erkannt. Eine radikale Operation war die einzige Hoffnung.

Da war dieser Gichtbrüchige, den seine vier Freunde durch das Dach hinunterließen (Matth. 9,2-8). Wie einfach wäre es gewesen, den kranken Körper zu berühren, wie er unzählige andere angerührt hatte. Aber nein, er sah hinter dem kranken Leib eine kranke Seele. Es kann sein, daß Jesus erkannte, daß zwischen beiden ein Zusammenhang bestand, daß es, wie wir heute sagen würden, sich um eine psychosomatische Krankheit handelte. Jedenfalls sah er, daß der Mann Vergebung nötiger hatte als Heilung. Also sprach er ihm zuerst die Vergebung zu und heilte ihn anschließend, um zu beweisen, daß die Vergebung real war.

Wie oft drang Jesus mit einer sorgfältig überlegten Frage in die Gedanken und Absichten eines menschlichen Herzens ein. „Willst du gesund werden?" (Joh. 5,6) muß in den Ohren eines chronisch Kranken eigenartig geklungen haben. Wußte Jesus denn nicht, daß es genau das war, was er sich achtunddreißig Jahre lang ersehnt hatte? Jeden Tag, den der Kranke am Teich Bethesda verbringen mußte, hatte er gehofft, er würde gesund, immer nur gehofft. Aber hatte er wirklich den Konsequenzen ins Auge gesehen?

Schmerzen, Schwachheit und Demütigungen los zu werden, das mußte großartig sein! Aber was würde es mit sich bringen, nach so vielen Jahren wieder gesund zu sein? Da tauchte die Frage nach dem Beruf auf, wie er seine Familie versorgen könnte, statt von der Mildtätigkeit anderer abhängig zu sein. Und wie war es mit den zerbrochenen Beziehungen, die wieder angeknüpft werden mußten? Und das Wichtigste: War er überhaupt entschlossen, mit der Sünde zu brechen, die all diese Not über ihn gebracht hatte? Menschen mögen nach Rettung, Befreiung, Heilung und der Erfüllung mit dem Geist verlangen, aber solange sie nicht zu einer Änderung ihres Lebensstils bereit sind, wird nichts Bleibendes geschehen. „Sündige hinfort nicht mehr, daß dir nicht etwas Ärgeres widerfahre" (Joh. 5,14). Das waren Jesu letzte Worte an diesen Mann.

Glaube auf dem Prüfstand

Manchmal behandelte Jesus Menschen in einer – wie man meinen könnte – schroffen, ja sogar unhöflichen Weise. Doch immer lag ein stichhaltiger Grund dafür vor. Da war der königliche Beamte, der zu Jesus kam und ihn anflehte, ihn nach Kapernaum zu begleiten und seinen todkranken Sohn zu heilen. „Wenn ihr nicht Zeichen und Wunder seht, so glaubt ihr nicht”, war Jesu scheinbar gefühllose Antwort. „Herr, komm hinab, ehe mein Kind stirbt!” schrie der Mann in seiner Verzweiflung.

Erst daraufhin sprach Jesus das lebenschaffende Wort: „Gehe hin, dein Sohn lebt” (Joh. 4,46-53).

Jesu Taktik in der Begegnung mit der kanaanäischen Frau war ähnlich. Zuerst gab er dieser Frau, deren besessene Tochter furchtbare Qualen litt, überhaupt keine Antwort. Die Jünger dachten, Jesus wolle sich nicht mit ihr befassen, und drängten ihn, sie wegzuschicken. Jesus antwortete ihr: „Ich bin nur gesandt zu den verlorenen Schafen des Hauses Israel.” Daraufhin kam die Frau und fiel vor ihm auf die Knie und flehte um Hilfe. Bestimmt würde er jetzt auf ihre Bitten reagieren, aber immer noch blieb er zurückhaltend. „Es ist nicht recht, daß man den Kindern das Brot nehme und es den Hündlein vorwerfe!” erwiderte er. Man kann sich kaum vorstellen, daß sich ein Jude einem Heiden gegenüber eine derart herausfordernde Bemerkung erlaubt. Doch war sie der Anlaß zu einer der tiefsten Glaubensaussagen, die in den Evangelien zu finden sind: „Ja, Herr! Aber doch essen die Hündlein von den Brosamen, die vom Tisch ihrer Herren fallen.” Jetzt konnte sich Jesus nicht länger zurückhalten und erwiderte ihr: „O Frau, dein Glaube ist groß; dir geschehe wie du willst!” (Matth. 15,21-28)

Heute ist Jesu radikale Behandlung im Bereich der Seelsorge dringend notwendig, sei es bei Menschen, die suchend sind, sei es bei solchen, die geistliche Probleme haben. Wir leben in einer Welt, die für alles eine sofortige Lösung verlangt. Man steht ständig unter dem Druck, Resultate und immer wieder neue Erfolge vorweisen zu müssen. Der Seelsorger steht darum in der Versuchung, dem Ratsuchenden die richtigen Entscheidungen und Reaktionen so leicht wie möglich zu machen. Jesus dagegen machte es dem einzelnen oft so schwer wie nur möglich.

Wir müssen von dem „wunderbaren Berater" lernen, daß es nicht in erster Linie um Erfolg geht. Nur zu oft erweisen sich unsere „Erfolge" letztlich als Fehlschläge. Jesus selbst brachte menschlich gesprochen, nicht dauernd „Erfolge" zustande. Es gab einen Zeitpunkt, da er unter seinen Jüngern einen Massenabfall erlebte (Joh. 6,66), doch immer berührte er die Wurzel des Problems und zwang die Menschen, den Tatsachen ins Auge zu sehen. Eine radikale Behandlung bedeutet, daß wir nicht immer in der Lage sein werden zu berichten: „Er brach ganz zum Glauben durch." Aber immer wird man die Gewißheit haben, daß Gottes Wort und Gottes Urteil weitergegeben wurde.

Glaubensübungen für die Jünger

Unser Herr wußte, daß es einer radikalen Behandlung bedurfte, um aus den ungehobelten Charakteren seiner Jünger Männer des Glaubens zu machen. Mit diesem Ziel vor Augen ließ er sie ein hartes Training absolvieren. Immer wieder wurden sie „ins Wasser" geworfen, indem er sie in sein eigenes Wunderwirken mit einbezog: bei der Speisung der vier- und fünftausend, dem Wandeln auf dem Wasser, dem Erleben mit der Tempelsteuer im Maul eines Fisches, den beiden wunderbaren Fischzügen und natürlich der Aussendung, um Teufel auszutreiben und jede Art von Krankheit und Leiden zu heilen. Immer wieder rügte er sie scharf, wenn sich ihr Glaube nicht der Lage gewachsen zeigte.

Sie waren auf dem See Genezareth, den sie so gut kannten, als ein heftiger Sturm aufkam. Die Wellen schlugen ins Boot, so daß es beinahe gesunken wäre. Sie hatten auch vorher schon Stürme erlebt, aber dieser war besonders schlimm. Plötzlich gerieten diese abgehärteten und erfahrenen Fischer in Panik, überzeugt, daß ihre letzte Stunde gekommen war.

Gewiß, Jesus war im Boot. Das hätte man bei der Reaktion der Jünger nicht vermutet – genausowenig wie man es bei uns vermuten würde, daß wir den Herrn „an Bord" haben, wenn wir mitten in einer Notlage in Panik geraten! Jesus war so entspannt, daß er trotz des Sturms eingeschlafen war. „Herr, rette uns, wir kommen um!" schrien die Jünger. In majestätischer Gelassenheit erhob er sich und gebot den schäumenden Wogen. Dann wandte er seine Aufmerksamkeit den zitternden Jüngern zu. Sie hätten doch jetzt Beruhigung, Trost und neue Zuversicht nötig gehabt. Aber was sagt Jesus? „Was seid ihr so furchtsam, ihr Kleingläubigen?" (Matth. 8,23-27).

Keine Entschuldigung erlaubt

Als Jesus vom Berg der Verklärung herabkam, fand er einen besessenen Jungen, eine beschämte Schar Jünger und einen gestikulierenden Vater vor, der zu erklären versuchte, daß diese Jünger bezüglich der Heilung seines Sohnes völlig versagt hätten. Früher hatten sie große Erfolge in der Behandlung von Menschen, die von bösen Geistern besessen waren, erzielt. Deshalb muß dieses Erlebnis sehr demütigend für sie gewesen sein. „Es tut mir leid, daß ihr keinen Erfolg gehabt habt, aber ihr habt euer Bestes getan!" Das war nicht Jesu Reaktion auf ihr Versagen. Er erteilte ihnen eine Rüge, und das vor vielen Zuschauern. Wie klein und erbärmlich müssen sich die Jünger danach vorgekommen sein! „O du ungläubiges und verkehrtes Geschlecht! Wie lange soll ich bei euch sein? Wie lange soll ich euch ertragen? Bringet ihn her zu mir!" Und dann – um ihre Demütigung noch auf die Spitze zu treiben – trieb er den Dämon mit einem Wort aus (Matth. 17,14-18).

Ähnlich verlief die Begebenheit, als Petrus auf das Wort Jesu hin seinen Meister nachahmte und auf dem Wasser wandelte. Bedenken Sie, die Jünger hatten noch nicht den Heiligen Geist empfangen. Und doch tat Petrus hier etwas, was kein anderer, außer Christus, jemals getan hat. Doch dann folgte eine Anwandlung von Furcht, das Gefühl zu sinken und der Hilfeschrei, auf den Jesus sofort reagierte. „Macht nichts, Petrus! Immerhin bist du ja tatsächlich auf dem Wasser gegangen. Wunderbar! Die anderen Jünger hätten das nicht gewagt!" Aber nein, so leicht kam Petrus nicht davon. „Du Kleingläubiger, warum zweifeltest du?" (Matth. 14,31).

Unglaube ist immer tadelnswert

Als Jesus nach seiner Auferstehung seine Jünger wiedersah, *rügte* er sie, und das Wort, das er hier gebrauchte, ist in der Tat sehr hart. „Er *schalt* ihren Unglauben und ihres Herzens Härtigkeit, daß sie denen, die ihn auferstanden gesehen hatten, nicht geglaubt hätten" (Mark. 16,14). Immer wieder, besonders in den letzten Tagen seines irdischen Dienstes hatte Jesus seine Jünger auf seinen bevorstehenden Tod vorbereitet und ihnen die Verheißung seiner Auferstehung gegeben. Ihr Unglaube war darum unentschuldbar und seine Rüge entsprechend scharf.

Wenn es manchmal so scheint, als sei Jesus ein wenig zu hart mit seinen Jüngern umgegangen, brauchen wir nur weiterzublättern, um in der Apostelgeschichte zu sehen, welche Männer des Glaubens aus ihnen wurden. In seinem Buch „Die vierte Dimension" erzählt Paul Yonggi Cho aus Korea, wie er zu einem Mann des Glaubens wurde. Es scheint, als hätte Gott die Trainingskurse im Glauben für die Heiligen des zwanzigsten Jahrhunderts um nichts leichter gemacht. Wir müssen hart mit uns selbst sein, wenn wir für die Schulung anderer verantwortlich sind. Wir müssen hart mit ihnen sein, wenn wir eine Generation heranwachsen sehen wollen, die wirklich an Gott glaubt.

Konformist oder Nonkonformist?

Hier müssen wir zunächst unsere Untersuchung des radikalen Christus abbrechen, wir werden später wieder darauf zurückkommen. Es wurde genug gesagt, um zu begründen, daß Jesus auf diesem Gebiet, wie auf jedem anderen, das genaue Abbild seines himmlischen Vaters war.

Vor dem Angesicht des radikalen Christus müssen wir uns selbst fragen, ob wir schon „dem Ebenbilde seines Sohnes *gleichgestaltet*" sind (Röm. 8,29). Bin ich ein Konformist oder ein Nonkonformist? Habe ich mich angepaßt oder nicht? Wenn wir uns in einem Zwischenstadium befinden und unseren Mangel erkennen, wollen wir uns daran erinnern, daß Gott den Geist seines Sohnes in unsere Herzen gegeben hat, um uns Jesus ähnlich zu machen. Wir wollen Gott bitten, uns so radikal zu machen, wie sein Sohn es auf jedem Gebiet seines Lebens war. Und dann wollen wir vertrauen, daß er es auch tut.

DIE ENGE PFORTE

Die Special Air Services sind ein Kommandounternehmen, das unter dem Siegel strenger Geheimhaltung operiert. Man wußte nur sehr wenig darüber, bis zu dem erfolgreichen Überfall auf die Iranische Botschaft in London, wo sie die Botschaftsgeiseln, die sich in der Hand von Terroristen befanden, befreiten. Zu diesem Zeitpunkt wurden einige Tatsachen bekannt. Die SAS besteht offenbar aus einer Auswahl ganz besonders geschulter Männer, die ausnahmslos Freiwillige sind. Entsprechend des Auftrags sind die Aufnahmebedingungen streng. Im Durchschnitt wird nur jeder fünfte angenommen. Ähnlich ist es auch mit dem Reich Gottes. Die Bedingungen für den Eingang in dieses Reich sind so radikal wie das Reich selbst.

Die griechischen Mysterien verlangten vor Zeiten, daß ihre Eingeweihten bestimmte Reinigungsriten und andere Übungen durchlaufen mußten, ehe sie zugelassen wurden und sich der Vorrechte dieser neuen Gesellschaftsschicht erfreuen konnten. In gleicher Weise gibt es *Einführungsbedingungen* für das Reich Gottes, die der zukünftige Jünger erfüllen muß, wenn er die Vorteile der himmlischen „Gesellschaft" genießen will. Jesus macht unmißverständliche Aussagen darüber, daß die Pforte eng und der Weg schmal ist, der zum Leben führt (Matth. 7,14). Aber im Laufe der Zeit haben die Menschen die Pforte breiter gemacht, die Torpfosten umgehauen und den Durchgang erweitert, um es allen und jedem leicht zu machen. Unumgängliche Normen wurden heruntergeschraubt, geistlich verwässert und die scharfe Klinge des Zeugnisses abgestumpft. Was sich heute Kirche nennt, ist ein einziger Mischmasch, weit entfernt von der ersten Christengemeinde, von der wir lesen: „Von den übrigen aber wagte keiner, sich ihnen anzuschließen; doch das Volk schätzte sie hoch" (Apg. 5,13). Um zu dieser Schar zu gehören, mußte man echt sein. Da ging es nach dem Motto: alles oder nichts! Die Kirche wird niemals wieder eine entschiedene Gemeinschaft sein, solange ihre Glieder nicht die harten, unerbittlichen Aufnahmebedingungen erfüllen, die in der ersten Gemeinde galten.

Um herauszufinden, worin diese Aufnahmebedingungen tatsächlich bestehen, tun wir gut daran, die gefährlichen Stromschnellen kirchlicher Tradition und der Kirchengeschichte zu meiden und den Fluß bis zu seiner Quelle zurückzuverfolgen. An Pfingsten erlebte die Gemeinde den ersten gewaltigen Zulauf. Aber was waren die Bedingungen, um in die Gemeinde aufgenommen zu werden? Auf die ängstliche Frage: „Was sollen wir tun, ihr Männer und Brüder?" gab Petrus die einfache, klare und kompromißlose Antwort: „Tut Buße, und ein jeder von euch lasse sich taufen auf den Namen Jesu Christi zur Vergebung eurer Sünden; so werdet ihr die Gabe des Heiligen Geistes empfangen." (Apg. 2,37-38). In diesem Satz finden wir drei Elemente: *Buße* – der Schlüssel zur Wiedergeburt; *Wassertaufe* – durch die die Menschen diesen Schritt besiegeln sollen; die *Gabe des Heiligen Geises* – das Siegel von Gottes Seite. In diesem Kapitel werden wir den ersten Punkt behandeln.

In auffallendem Gegensatz zu humanistischen und evolutionären Theorien, nach denen der Mensch fähig ist, sich auf moralischem und sozialem Gebiet an seinen eigenen Haaren zu erhabener Höhe emporzuziehen, nimmt das Evangelium ihm den Boden unter den Füßen weg. Es fordert ihn auf, Buße zu tun. Das bedeutet, die eigene Niederlage und das Versagen, den moralischen und geistlichen Bankrott zu erklären. Das Evangelium stellt deutlich heraus, daß die Hoffnung des Menschen nicht in der Evolution, sondern in der *Revolution* zu finden ist – in der geistlichen Revolution, die im Herzen stattfindet. „Tut Buße", ist das wichtigste Wort des Evangeliums. Es waren die ersten Worte Johannes des Täufers, Jesu selbst, der Apostel und der Urgemeinde. Kein Wort im ganzen Evangelium ist radikaler, denn es legt die Axt an die Wurzel alles dessen, was der Mensch in sich selbst ist. Es klingt wie das Grabgeläute für alle humanistischen Behauptungen, denn es sagt in Wirklichkeit: „Du schaffst es nicht, Mensch!"

Kein menschlicher Ersatz, weder Religion noch Reformen, Sittlichkeit oder Ehrbarkeit, wird je von Gott anstelle der Buße akzeptiert werden. Es bedeutet sehr viel mehr, als nur zu sagen: „Es tut mir leid", mehr sogar als Reue, die vielleicht nichts anderes als Selbstmitleid ist. Buße bedeutet, völlig, von ganzem Herzen, ohne Kompromisse auf die frühere Einstellung und Anschauung zu verzichten. Es ist eine Änderung des Herzens, die zwangsläufig zu einer Kursänderung führt. Johannes der Täufer nennt dies „Frucht, die der Buße würdig ist" (Matth. 3,8). Diese Frucht kann man in einem Wort zusammenfassen – Bekehrung, eine Kehrtwendung, die zu einer entgegengesetzten Blickrichtung führt.

Ein wahrer Jünger Jesu ist nicht nur ein Mensch, in dessen Herzen dieses Fundament gelegt wurde, sondern einer, der danach trachtet, dieses Fundament auch im Leben anderer zu legen, die er dann seinerseits unterweisen soll.

Wir haben eben gesehen, wie Jesus dabei vorging. Immer wieder und auf meisterhafte Art und Weise legte er den Finger auf den kritischen Punkt in der Beziehung des betreffenden Menschen zu Gott. Bei der samaritischen Frau ging es um moralische Laxheit, und sein Wort: „Gehe hin, rufe deinen Mann und komm her!" führte dazu, daß das ganze Problem ans Licht kam (Joh. 4,16). Bei dem Mann am Teich Bethesda war die Herausforderung nötig: „Willst du gesund werden?" Und das bedeutete, wie die folgenden Verse zeigen, nicht mehr zu sündigen (Joh. 5,14). Beim reichen Jüngling richtete Jesus seine Aufmerksamkeit auf dessen Liebe zum Reichtum und verlangte von ihm, alles zu verkaufen und das Geld den Armen zu geben – das war radikal genug – um dann Jesus nachzufolgen (Luk. 18,22). Dem Theologen und Lehrer Nikodemus sagte er im wesentlichen, daß all seine religiöse Gelehrsamkeit ihm nichts nützen könne; er müsse von neuem geboren werden (Joh. 3,1-12). Bei der Bekehrung des Zachäus ging es um die Frage seiner Unterordnung unter die Autorität Jesu, als dieser die Freiheit hatte, sich selbst bei ihm einzuladen. Die Bereitschaft des Zöllners, alle zu entschädigen, die er betrogen hatte, war die natürliche Folge (Luk. 19,8).

Die Prediger tragen Schuld

Zu viele sind in das Reich Gottes hineingeschlüpft, ohne durch die enge Pforte der Buße zu gehen. Kein Wunder, daß sie kränkelnde Babies geblieben sind, statt kraftvolle Jünger zu werden. Kein Wunder auch, daß so viele niemals über das Stadium hinauskommen, wo sie Beratung, Befreiung oder Heilung auf emotionalem Gebiet nötig haben. Kein Wunder, daß immer so viele getragen werden müssen und nie den Stand erreichen, andere tragen zu können. Diese Anklage richtet sich nicht gegen schwache Gläubige, sondern vielmehr gegen die, die eine unzureichende Botschaft verkündigen und die Menschen zu einer verfrühten Hingabe an Christus drängen, ehe der Heilige Geist sie gründlich von ihren Sünden überführen konnte. Es geht etwas Entscheidendes verloren, wenn wir die Frucht pflücken, bevor sie reif ist. Von William Carey, dem Pioniermissionar in Indien, wird gesagt, daß er nicht so schnell das Bekenntnis, Christ geworden zu sein, anerkannt habe, selbst wenn es mit großen Opfern verbunden war. „Seid bei euren Bekehrten mit nichts weniger zufrieden als einer *radikalen Änderung des Herzens"*, war einer seiner Aussprüche.

Das Evangelium ist umsonst, Gott sei Dank, aber das bedeutet nicht, daß es billig und leicht zu haben wäre. Doch nur zu oft ist das Evangelium billig angeboten worden. Die große Publicity, mit der moderne Evangelisationen verbunden sind, die Tendenz, Köpfe zu zählen und Bekehrungsstatistiken zu veröffentlichen, stellt den Evangelisten unter starken Druck, um jeden Preis Resultate vorweisen zu können. Und da der Evangelist als Experte gilt, schraubt er bewußt oder unbewußt den Maßstab für jeden anderen herunter, so daß sogar der Seelsorgehelfer eifrig seine Erfolge verzeichnet. Es ist sowohl kurzsichtig als auch unbiblisch, es dem Suchenden so einfach wie möglich zu machen, ins Reich Gottes hineinzukommen.

„Muß ich das Rauchen und Trinken aufgeben?" war die ängstliche Frage eines jungen Mannes, der sich bekehren wollte.

„Ja, das müssen Sie", lautet die kompromißlose Antwort. „Aber Rauchen und Trinken aufzugeben ist doch keine biblische Bedingung für die Errettung", wird jemand einwenden. Das stimmt, aber ebensowenig ist die Aufforderung: „Verkaufe alles, was du hast, und gib es den Armen", eine solche Bedingung. Wenn jedoch der Heilige Geist auf ein bestimmtes Problem deutet, wird *diese Sache* zu einem Kampfplatz, auf dem ein Mensch sich entweder geschlagen gibt oder widersteht, entweder Christus annimmt oder ihn zurückweist. Wir fördern nicht das Wirken des Geistes, sondern hindern es, wenn wir versuchen, den Kampf auf einen – wie wir meinen – schriftgemäßeren Kampfplatz zu verlegen. Versuchen Sie nicht weiser zu sein als der Heilige Geist. Das ist ein höchst unproduktives Unterfangen.

Die Bedeutung der Bekehrung betonen

In vielen historischen Kirchen, wohin die Botschaft von der „Erneuerung" kam, neigte man dazu, dem Erlebnis der Wiedergeburt keine so große Bedeutung beizumessen oder gar zu ignorieren. Das ist besonders in Kirchen der Fall, wo Evangelisationen nie als besonders wichtig angesehen wurden. Dabei ist die Wiedergeburt unumgänglich. Es ist unlogisch, Menschen, die noch nie geistliches Leben besaßen, zur Erweckung, und solche, die noch nicht „wiedergeboren" sind, zur Erneuerung führen zu wollen. Religiöse, aber nicht wiedergeborene Menschen bedürfen ebenso des Aufrufs: „Tut Buße!" wie die Gottlosen und Gleichgültigen. Es gibt eine „Buße von toten Werken", und jede Religion, in der kein geistliches Leben ist, gehört in diese Kategorie. Sowohl auf der Kirchenbank als auch auf der Kanzel sitzt bzw. steht mancher Nikodemus, dessen „Religion" zu einer Barriere zwischen ihm und Gott wurde und dem man sagen muß: „Du mußt von neuem geboren werden."

Das Erlebnis der Wiedergeburt ist entscheidender und radikaler als der Empfang des Geistes. Es wird beschrieben mit „aus der Finsternis ans Licht kommen", „aus dem Tod ins Leben", mit „Errettung aus der Gewalt Satans und versetzt werden in das Reich des Sohnes seiner Liebe", als das Entstehen einer neuen Kreatur in Christus, wobei „das Alte vergangen und alles neu geworden ist". Diese Gesichtspunkte müssen in unserem Denken und Verkündigen der frohen Botschaft vom Reich Gottes den Vorrang haben. Das Angebot der Erlösung ist Gottes Angebot an den Sünder, aber die Gabe des Geistes ist die Verheißung des Vaters für sein Kind (Apg. 1,4), und man muß sein Kind sein, um die Voraussetzung zu erfüllen. Jesu eigene Worte verdeutlichen dies: „... wieviel mehr wird *der Vater im Himmel* den Heiligen Geist denen geben, die ihn bitten!" (Luk. 11,13). Wenn wir im Leben derer, die wir für das Reich Gottes zuzubereiten haben, nicht mit aller Sorgfalt den Grundstein der Buße legen, bauen wir auf Sand.

EIN VÖLLIGER BRUCH

Wenn Buße der Durchgang durch die enge Pforte ist, dann ist die Wassertaufe die Tür, die hinter uns zuschließt. Die Wassertaufe bringt uns nicht hinein, aber wenn wir durch Buße und Glauben hineingekommen sind, wird dieser Schritt durch die Taufe besiegelt. Sie ist ein Zeichen für den Gläubigen, daß seine Übergabe an Christus endgültig und unwiderruflich ist. Beim Auszug des Volkes Israel aus Ägypten wurde es im Meer auf Mose getauft! (1. Kor. 10,3). Mit anderen Worten – sie wurden mit Mose, ihrem Befreier und Führer, in einer symbolischen Taufe vereinigt, als sie durch das Rote Meer zogen. Dies ist ein Bild für unsere Vereinigung mit Christus in der Taufhandlung. Als die Israeliten durch das Rote Meer gezogen waren, kam das Wasser zurück und verschlang ihre Verfolger. Durch diesen endgültigen Taufakt im Meer wurden sie von Ägypten und von allem, was es für sie bedeutet hatte, abgeschnitten, und zwar für immer. Die Taufe bezeichnet *einen völligen Bruch mit dem alten Leben.*

Die Streitfrage

Ich begegnete Bruder Andrew, dem „Schmuggler Gottes", zum ersten Mal in der Londoner Geschäftsstelle des damals neu gegründeten „Fountain Trust". Es war zu der Zeit, als die Charismatische Bewegung entstand, und es herrschte große Aufregung über das, was Gott durch die Taufe mit dem Heiligen Geist trotz allen Widerstandes in den Kirchen wirkte. Ich erinnere mich, wie überrascht ich war, als unser holländischer Bruder bemerkte, der Konflikt würde nicht so sehr wegen der Geistestaufe, als vielmehr wegen der *Wassertaufe* ausgelöst. Die Erfahrung in den dazwischenliegenden Jahren hat gezeigt, daß die Menschen im allgemeinen leichter zu einer Änderung ihrer Einstellung zur Geistestaufe als zur Wassertaufe zu bewegen sind. Der Grund dafür könnte sein, daß die Wassertaufe allzu häufig als eine Sache der jeweiligen Denomination angesehen und dadurch zu einer Frage der Treue dieser Denomination gegenüber wird. Manchmal ist die Verteidigung der Kindertaufe eine Verteidigung der Autorität der Kirche oder des Pfarrers. Aber es können auch tiefere Gründe vorliegen.

Viele von uns, denen die Erneuerung der Gemeinde durch das Wirken des Heiligen Geistes am Herzen liegt, sind mehr denn je davon überzeugt, wie wichtig die Taufe ist. Der neutestamentliche Brauch, die Neubekehrten ins Wasser zu tauchen, bewirkt etwas Entscheidendes im Leben des Gläubigen, aber auch für die Gemeinschaft der Gläubigen, zu denen er jetzt zählt, und für die Welt, die zuschaut. Doch vielleicht das wichtigste von allem sind die Auswirkungen auf die Fürstentümer und Gewalten in den himmlischen Regionen. Wenn die Wassertaufe einen Kampf in den Himmeln herbeiführt, dann ist es kein Wunder, daß sie auf Erden zu Streitfragen führt. Missionare bezeugen: Nicht das öffentliche Bekenntnis eines Hindu oder Moslem zu Jesus, sondern die Wassertaufe beschwört die Verfolgung der Gläubigen herauf. Dem Widersacher liegt offensichtlich viel daran, die Taufe der Gläubigen zu verhindern.

Intolerante Haltung

Ein Brief, der unlängst in einer christlichen Zeitschrift veröffentlicht wurde, plädierte für eine tolerante Haltung im Hinblick auf Dinge, über die man in christlichen Kreisen verschiedener Meinung sei. Es ging um Gläubige, die auf der Erwachsenentaufe bestehen und sagen, jede andere Art der Taufe habe keine Gültigkeit. Wir wollen deutlich darauf hinweisen: Es geht hier nicht um eine Befürwortung der Erwachsenentaufe als solche. F.B. Meyer pflegte zu sagen: „Ein Mensch kann so alt wie Methusalem sein und noch immer nicht die nötigen Voraussetzungen erfüllen, um getauft zu werden." Es ist keine Frage des Alters, sondern des Glaubens. Es ist die *Gläubigentaufe,* die wir befürworten.

So entschieden man selbst auch die Gläubigentaufe vertreten mag, sollte man doch denen gegenüber Nachsicht üben, die an der Kindertaufe festhalten und wirklich nicht verstehen können, wieso wir soviel Aufhebens von der Gläubigentaufe machen. Doch im Hinblick auf die Taufpraxis selbst kann man nicht tolerant sein, denn die Kindertaufe ist beides: falsch und schädlich. Man kann auch nicht denen gegenüber tolerant sein, die sie weiterhin praktizieren oder entschuldigen, während sie im Grund ihres Herzens genau wissen, daß sie unbiblisch und unwirksam ist. Einer meiner Bekannten, ein evangelikaler Pfarrer, nahm an einem Podiumsgespräch mit anderen Theologen teil. Er wurde gefragt, ob die Kindertaufe wirklich etwas bewirke. Er antwortete, daß er selbst getauft, konfirmiert und geimpft worden sei, und das einzige, was angeschlagen habe, sei die Impfung gewesen. – Wir lachten darüber, aber danach fragten wir uns: Wie kann dieser Mann weiterhin etwas praktizieren, an das er nicht wirklich glaubt?

Ohne Zweifel steckt eine gewisse Wahrheit in der Lehrmeinung von dem Bund Gottes mit dem Täufling, die der Kindertaufe zugrunde liegt. Man kann noch einsehen, daß die Kinder gläubiger Eltern nicht der gleichen Kategorie angehören wie die ungläubiger Eltern, falls jene Eltern Glauben üben für ihre Kinder (1. Kor. 7,14; 2. Tim. 1,5). Aber die Taufe einzuführen, um damit diesen Unterschied auszudrücken, bedeutet zweifellos einen Mißbrauch und kann sich auf kein Beispiel im Neuen Testament berufen. Es ist hier nicht der Platz für eine ausführliche Abhandlung über die theologischen Inhalte der beiden Standpunkte, aber die kühne Aussage, die ich weiter oben machte, daß die Praxis der Kindertaufe schädlich sei, bedarf der Begründung. Deshalb wollen wir dieses Thema mehr von der praktischen als von der dogmatischen Seite aus untersuchen.

Eine falsche Hoffnung wird geweckt

Die große Mehrzahl derer, die in unserem Land überhaupt einer Kirche angehören, sind Glieder einer Kirche, die die Kindertaufe praktiziert. Es ist nicht zu leugnen, daß die meisten von ihnen nicht wiedergeboren sind und ihre Bindung an die Kirche nichts anderes ist als eine Formalität. Wenn man sie fragt, würden sie sich wahrscheinlich als Christen bezeichnen. Der Beweis? Sie wurden als Säuglinge getauft. Was sonst sollte die Aussage in der Taufliturgie bedeuten, die besagt, daß das besprengte Kind in die Kirche und die Familie Gottes aufgenommen und somit ein Glied am Leibe Christi geworden ist.

Evangelikale Geistliche sind gewöhnlich vorsichtig und erklären den Eltern und Paten, was nach ihrer Sicht die wirkliche Bedeutung der Taufe ist. Aber der Täufling, dieses schreiende Bündel im Arm seiner Mutter, ist wohl kaum in der Lage, diese Information aufzunehmen. Aber wenn er später konfirmiert wird, wird man ihm dann wohl im Konfirmandenunterricht sagen, daß seine Taufe ihn nicht rettet und er von neuem geboren werden muß? Wahrscheinlich nur in einer evangelikalen Gemeinde. Wieviel Hunderttausende leben in der Christenheit im Hinblick auf die Wirksamkeit ihrer Kindertaufe in einer falschen Hoffnung!

Die Taufe ist ein Einführungsritus, und die meisten Kirchen sehen sie als Eintritt in die Mitgliedschaft der sichtbaren Kirche. Das zwingt solche, die die Säuglingsbesprengung praktizieren, eine bestimmte Ansicht über die Zusammensetzung der Ortsgemeinde zu übernehmen. Sie können ihre Gemeinde nicht als wahre Gemeinde der Erlösten, sondern als Gemisch von Namenschristen und Wiedergeborenen ansehen. Damit wird das Fundament der christlichen Gemeinde berührt.

Scheiden, was Gott zusammengefügt hat

Die Kindertaufe trennt praktisch zwei Vorgänge, die für die Bibel untrennbar sind, nämlich Buße und Glauben von der Wassertaufe. Außerdem wird die Reihenfolge umgekehrt.

Johannes der Täufer predigte „dem ganzen Volk Israel die Taufe der Buße" (Apg. 13,24).

Jesus selbst sagte: „Wer glaubt und getauft wird, soll gerettet werden" (Mk. 16,16).

Petrus predigte: „Tut Buße, und ein jeder von euch lasse sich taufen ... zur Vergebung eurer Sünden" (Apg. 2,38).

Buße und Taufe gehören zusammen, und zwar in

dieser Reihenfolge. Im Neuen Testament kamen die Menschen zuerst zum Glauben, und dann wurde ihr Glaube durch die Taufe besiegelt. Aber diese Reihenfolge wurde durch die Säuglingstaufe umgeworfen, wobei man hofft, daß das Kind irgendwann in der Zukunft zum Glauben kommen wird. Doch was Gott zusammengefügt hat, sollten wir auch in diesem Fall nicht auseinanderreißen.

Wo ist die Freude des Gehorsams?

Unser Herr macht nur zwei Aussagen über die Wassertaufe. Beide stehen im Zusammenhang mit dem Missionsbefehl, und beide sind in bezug auf unser Thema von größter Wichtigkeit. Er sagte: „Machet zu Jüngern, ... indem ihr sie taufet" (Matth. 28,19). Dieses Wort legt die Verantwortung auf die, die „zu Jüngern machen". Jesus sagt außerdem: „Wer glaubt und getauft wird, soll gerettet werden" (Mk. 16,16). Hier liegt das Gewicht auf dem Bekehrten, auf dem, der zum Jünger wird. Beachten Sie, wie Ananias seine Verpflichtung erfüllte, indem er dem eben bekehrten Saulus von Tarsus sagte: „Steh auf, laß dich taufen" (Apg. 22,16). Aber auch Saulus hatte seinen Teil beizutragen. Er gehorchte. Die Säuglingstaufe jedoch entleert diesen Befehl Christi, der sich auf den Bekehrten bezieht. Wenn jemand wiedergeboren ist und dem Befehl des Herrn gehorchen und sich taufen lassen möchte, wird erklärt, daß er bereits getauft sei, und zwar zu einer Zeit, da er sich weder dazu äußern noch aktiv am Geschehen teilnehmen konnte. Die Kindertaufe hat ihn dessen beraubt, was sicherlich bei der Taufe die größte Freude bedeutet: einem Gebot Jesu Christi gehorsam zu sein.

Unter denen, die die Kindertaufe praktizieren, herrscht keine Einigkeit darüber, was geschieht oder nicht geschieht, wenn ein Säugling getauft wird. Manche glauben, das Baby würde dadurch ein Kind Gottes. Sie befürworten das Dogma der Taufwiedergeburt. Die meisten Evangelikalen sind nicht dieser Ansicht, sondern glauben, daß das Kind erst dann wiedergeboren ist, wenn es eine persönliche Entscheidung für Christus getroffen hat. Sie rechnen damit, daß Gott den Glauben der gläubigen Eltern und Paten dahingehend bestätigt. Zugunsten der Taufwiedergeburtslehre ist anzuführen, daß sie wenigstens dem Ritus für den Täufling eine gewisse Bedeutung beimessen, was bei der anderen Ansicht noch nicht einmal der Fall ist.

Das Neue Testament stellt die Taufe als ein Bekenntnis zu Christus dar. Sie soll für den Täufling bedeuten – das sehen wir an der Taufe des Saulus von Tarsus – daß seine Sünden abgewaschen sind. Sie soll das Einssein mit Christus in seinem Tod und seiner Auferstehung darstellen. Wie kann ein Säugling Christus bekennen, an den er noch nicht glaubt? Wie können Sünden symbolisch abgewaschen werden, die noch gar nicht getan worden sind? Und wie kann der Ritus die Vereinigung mit Christus bedeuten, die noch zukünftig ist?

Ein Ritus ist weder ausschließlich symbolisch noch automatisch wirksam. Sein besonderer Charakter ist, daß der äußere Akt Glauben auslösen soll, damit das, was symbolisiert wurde, seine geistliche Erfüllung findet. Im Falle der Taufe bedeutet das: Wenn der Mensch, der zum Glauben gekommen ist, im Wasser untergetaucht und dann durch eine fremde Kraft wieder aufgerichtet wird, soll dieser äußere Akt in ihm den

Glauben an die geistliche Erfüllung dessen, was dargestellt wurde, wecken! Er sagt sich: „Ja, dem Herrn sei Dank! Ich bin, was mein altes Leben anbelangt, mit Christus gestorben, ich *bin* mit ihm auferstanden und von nun an *wandle* ich mit ihm in einem neuen Leben." Diese entscheidende, erfahrbare Auswirkung geht in der Kindertaufe vollständig verloren. Der als Säugling Getaufte wird sich in späteren Jahren nicht an die Begebenheit erinnern können. Und selbst wenn er es könnte, die wenigen Tropfen Wasser auf seinem Kopf und das Zeichen des Kreuzes, das über ihm gemacht wurde, können für ihn nicht das ausdrücken, was durch das Untertauchen so anschaulich dargestellt wird.

Ein Punkt, der oft übergangen wird

Ich habe bereits herausgestellt, was Jesus denen, die andere zu Jüngern machen, als Verpflichtung auferlegte. Sie sollen die Menschen taufen, die sie zur Jüngerschaft geführt haben, und sie außerdem lehren, alles zu beachten, was er ihnen geboten hatte. Wir haben bereits gesehen, wie Petrus an Pfingsten diese Anweisung seines Herrn wörtlich befolgte. Heute jedoch scheint es eine Verschwörung zwischen den Evangelisten zu geben, immer dann zu schweigen, wenn sie eigentlich über die Gläubigentaufe sprechen müßten. Dies gilt jedoch nicht für Evangelisten, die aus Gemeinden kommen, in denen die Gläubigentaufe praktiziert wird. Nun ist es für Prediger, die in der Tradition der Kindertaufe verhaftet sind, durchaus verständlich, daß sie in diesem Punkt schweigen. Doch das scheint auf Evangelisten aller Denominationen zuzutreffen, selbst auf solche, die sich als Gläubige durch Untertauchen taufen ließen und wissen, daß dies der biblische Weg ist.

Da gibt es Prediger, die argumentieren, daß das alles schön und gut ist. „Aber", so sagen sie, „wir wollen die Leute nicht herausfordern, mit ihnen diskutieren oder diejenigen verletzen, die nun einmal eine andere Tradition haben als wir." Doch in den folgenden Ausführungen werden wir sehen, daß Jesus oft provokativ und polemisch war. Er hat außerdem mit großem Nachdruck darauf hingewiesen, daß Gottes Wort nicht durch menschliche Traditionen unwirksam gemacht werden dürfte. Es gibt keine Entschuldigung dafür, im Hinblick auf die „Arbeitsanweisungen", die Jesus uns gab, einen Punkt zu übergehen und die anderen zu befolgen. Wenn die Basis, von der aus wir unsere Evangelisation durchführen, von uns fordert, daß wir Kompromisse schließen, ist es besser, die Basis auszuwechseln. Auch in dieser Situation der Vermischung und Verwirrung ist neutestamentlicher Radikalismus angebracht.

Es ist eine interessante und bedeutsame Tatsache, daß viele, die in diesen Tagen von Gott mit seinem Heiligen Geist erfüllt wurden, auch ohne Beeinflussung von außen die Bedeutung der Taufe durch Untertauchen begriffen haben. Im Südwesten Englands, wo ich wohnte, erlebten wir das Wirken des Heiligen Geistes noch bevor die Charismatische Bewegung entstand. Ron, ein Methodist aus Cornwall, war einer von denen, die der Herr angesprochen hatte. Es war mein Vorrecht, ihm zusammen mit einem anderen Bruder dienen zu dürfen. Wir erwähnten die Wassertaufe jedoch nicht. Bald darauf erhielt ich einen Brief, in dem er erzählte, wie er eines Nachts aufgewacht sei und ihm die Worte „Matthäus 3,15" deutlich vor Augen gestanden hätten. Interessiert, was dort wohl stand, knipste er die Nachttischlampe an und schlug nach. Er las die Worte, die Jesus an Johannes den Täufer richtete, als dieser ihn nicht taufen wollte: „Laß es jetzt zu; denn also gebührt es uns, alle Gerechtigkeit zu erfüllen!" Ron hatte keinen Zweifel daran, was Gott ihm damit sagen wollte. Er berichtete weiter, daß er Gott gehorcht und durch seine Wassertaufe noch mehr Freude als durch seine Geisteserfüllung bekommen habe.

Wenn Gott zu Ihnen sagt: „Gehe hin und tue desgleichen", möchte ich Ihnen zwei Dinge empfehlen:

1) Zögern Sie nicht. Manche Gläubige, die zu einer klaren Überzeugung in dieser Sache kamen, warteten auf eine günstige Gelegenheit, und ihr Aufschub kostete sie ihre Überzeugung. Ananias forderte Saulus mit den Worten auf: „Und nun, was zögerst du? Steh auf, laß dich taufen!" (Apg. 22,16).

2) Wenn Sie zu einer Kirche gehören, in der die Kindertaufe praktiziert wird, schleichen Sie nicht davon, um sich in einer anderen Kirche heimlich, still und leise taufen zu lassen. Ehren Sie die Menschen, die ihnen im Herrn übergeordnet sind. Gehen Sie zu Ihrem Pastor oder Prediger und erklären Sie ihm, was Sie erkannt haben. Versuchen Sie nicht, seine Meinung über die Taufe zu korrigieren oder ihn zu überzeugen. Davon wird er nicht begeistert sein! Teilen Sie ihm einfach die Überzeugung mit, die Sie gewonnen haben, und bitten Sie ihn, Sie durch Untertauchen zu taufen. Sollte er dazu nicht bereit sein, bitten Sie ihn um Erlaubnis, sich in einer anderen Kirche taufen zu lassen. Aber lassen Sie sich nicht von Ihrem Vorhaben abbringen.

MIT WIND UND FEUER

Wir haben gesehen, daß Petrus mit seiner Pfingstpredigt den Weg zum Glauben an Jesus für die nachfolgenden Generationen von Gläubigen abgesteckt hat. Er umfaßt ein dreifaches Erlebnis: Buße, Wassertaufe und den Empfang des Heiligen Geistes. Im vierten Jahrhundert nach Christus, als die Verfolgung durch den Staat aufhörte und die Kirche unter die Schirmherrschaft des Staates kam, wurde sie mehr und mehr zu einer Institution. Christ zu werden wurde zu einer verschwommenen, unklaren Angelegenheit. Die enge Pforte als Eingang in das Reich Gottes wurde verbreitert, und die Welt strömte herein. Ein Schiff muß im Wasser sein, aber wenn das Wasser im Schiff ist, läuft alles verkehrt, und es droht große Gefahr. Der Einbruch der Welt in die Kirche war eine Katastrophe, von der sich das Christentum niemals erholt hat. Was die radikalen Bedingungen für das Christwerden anbelangt, hatte die Kirche viele Jahrhunderte lang weitgehend keine klaren Vorstellungen mehr.

Mit der Reformation wurde die Gerechtigkeit durch den Glauben wiederentdeckt. Gott benutzte die Reformatoren, um diese grundlegende Wahrheit von der Lehre der Werkgerechtigkeit, die sie verdunkelt hatte, zu befreien. Etwa zu der Zeit, als dieses neue Licht in Europa aufzustrahlen begann, entstanden in Deutschland und auch sonstwo Vereinigungen von Christen, die

die Gläubigentaufe durch Untertauchen praktizierten. Sie wurden von ihren Kritikern *„Wiedertäufer"* genannt, wiesen jedoch entschieden zurück, was dieser Spottname beinhaltete. Sie vertraten den Standpunkt, daß die Kindertaufe nicht die Bedingungen einer neutestamentlichen Taufe erfülle. Deshalb wurden sie von der offiziellen Kirche geächtet und fanatisch verfolgt. Indessen bahnte sich bereits ein weiteres grundlegendes Element neutestamentlicher Erfahrung an.

In den folgenden Jahrhunderten entstanden immer wieder geistliche Erweckungen, in denen Gott sein Volk mächtig heimsuchte. Diese Erweckungen trieben das Werk des Heiligen Geistes voran. Oft wurde eine ganze Anzahl Gläubiger „mit dem Heiligen Geist erfüllt". Es kam zu Manifestationen des Geistes, von denen die Menschen angenommen hatten, sie seien auf die Zeit des Neuen Testaments beschränkt gewesen. Es war, als wollte Gott sagen: „Seht her, ich bin immer noch am Werk, und was ich in der Urgemeinde tat, kann ich auch heute noch tun." Erfüllung mit dem Heiligen Geist wird oft mit Wiedergeburt gleichgesetzt, so daß viele sagen: „Wir haben alles bei der Bekehrung bekommen." Es ist unbegreiflich, daß sich diese Auffassung im Licht derart überwältigender Beweise des Gegenteils so weit verbreiten konnte. Wenn wir sehen, daß unsere schönen, festgefügten Lehrgebäude im Widerspruch zu dem stehen, was der Heilige Geist getan hat oder noch tut, wird es Zeit, daß wir sie einer Prüfung unterziehen. Es könnte ja möglich sein, daß sie falsch sind.

Erst das zwanzigste Jahrhundert brachte einen bedeutungsvollen, endgültigen Durchbruch hinsichtlich der Taufe und der Gaben des Heiligen Geistes, und zwar durch die Pfingstbewegung. Wie die Wiedertäufer vor ihnen wurden auch die Pfingstler von den historischen Kirchen verleumdet und geächtet und darum gezwungen, ihre eigenen Gemeinden zu gründen. Ein halbes Jahrhundert lang nahm die Bewegung rasch zu und dehnte sich auch auf überseeischen Gebieten aus. Schließlich kam in der Mitte der sechziger Jahre Gottes zweiter Vorstoß. Innerhalb der historischen Kirchen brach die Charismatische Bewegung auf und breitete sich nahezu ohne jeglichen Einfluß von seiten der klassischen Pfingstgemeinden aus. In fünfzehn Jahren wurde jede große Denomination der Christenheit und die fernsten Enden der Erde davon erreicht.

Nur eine Taufe

Es ist wichtig zu sehen, daß die Taufe immer auf eine *Einführung* hinweist. Das trifft sowohl auf die Geistestaufe als auch auf die Wassertaufe zu. Zwei Extreme gilt es im Zusammenhang mit der Geistestaufe zu vermeiden: wir dürfen sie nicht irrtümlicherweise mit der Wiedergeburt gleichsetzen und dürfen nicht einen gewissen Wertmaßstab hineinlegen, als hätten die, welche den Geist empfingen, das Ziel erreicht. Die Geistestaufe ist nicht so etwas wie ein Examenszeugnis oder eine Auszeichnung für besondere Tüchtigkeit. Es waren in neutestamentlicher Zeit durchweg Neubekehrte, die den Geist empfingen. Und wie damals, so geschieht es auch heute, wenn die Menschen entsprechend belehrt werden.

Wenn Paulus von „einer Taufe" spricht, schließt er beides ein, Geistes- und Wassertaufe. Zusammengenommen sind sie die *eine Taufe in Christus hinein*. Das ist keine theologische Haarspalterei, sondern eine grundlegende Wahrheit, die viele der im Zusammenhang mit diesem Thema entstandenen Streitfragen und

Unklarheiten aus der Welt schafft. Israels Taufe „in Mose hinein" ist das vollkommene Bild, das Paulus gebraucht, um unsere Taufe „in Christus hinein" deutlich zu machen. „... daß unsere Väter alle unter der Wolke gewesen und alle durchs Meer hindurch gegangen sind. Sie wurden auch alle *auf Mose getauft in der Wolke und im Meer*" (1. Kor. 10,1-2). Diese Taufe fand weder statt, *bevor* sie befreit worden waren, noch *während* der Wüstenwanderung, noch als sie davorstanden, Kanaan einzunehmen. Sie geschah zum Zeitpunkt ihrer Befreiung, am Anfang ihrer Pilgerschaft. Das war ihre *Einführung* als Gottes Volk. Es wird von ihnen gesagt, sie seien in Mose, ihren Retter, hineingetauft worden, genauso wie wir in Christus hineingetauft wurden. *Eine* Taufe, aber: „in der Wolke und im Meer" – ein Hinweis auf die Geistes- und Wassertaufe.

Wenn wir die Aufzeichnungen in der Apostelgeschichte daraufhin untersuchen, werden wir feststellen, daß diese beiden Aspekte der einen Taufe stets miteinander verknüpft sind. Wir haben es in der Pfingstpredigt des Petrus gesehen, aber ebenso bei allen anderen Gelegenheiten, wo die Geistestaufe erwähnt wird. In Samaria, Damaskus, Cäsaräa und Ephesus (Apg. 8,14-17; 9,17-18; 10,47-48; 19,5-6) finden wir, daß Geistestaufe und Wassertaufe Hand in Hand gehen. Gott sieht sie als *eine* Taufe, und wenn wir das gleiche tun, werden viele unserer Mißverständnisse beseitigt.

Sie können die Geistestaufe mit dem Akt der Wiedergeburt gleichsetzen, wie sie die Wassertaufe mit der Wiedergeburt gleichsetzen können. Die beiden Taufen gehören zusammen. Aber so wie es möglich ist, daß ein wiedergeborener Mensch nicht im Wasser getauft ist, so ist es auch möglich, daß der gleiche Mensch nicht im Geist getauft ist. Es ist undenkbar, daß Gott jemals einen Säugling, der nicht wiedergeboren ist, mit dem Geist taufen würde. Ebenso ist es mit Sicherheit falsch, ein solches Kind mit Wasser zu taufen. Die beiden Taufen sind wie die zwei Seiten einer Medaille. Und was Gott zusammengefügt hat, soll der Mensch nicht scheiden.

Wie es sein sollte

Viele Gläubige ziehen es heute vor, den Ausdruck *Geistestaufe* fallenzulassen und durch einen weniger umstrittenen Ausdruck zu umschreiben. Dies weist auf den Trend hin, die radikalen Elemente des Erlebnisses zu mildern, sie „unanstößiger" zu machen und damit annehmbarer für solche, die „diese Dinge anders sehen als wir". Die Vorstellung, in den Geist getauft zu sein, schließt ein, vom Geist eingehüllt und durchdrungen zu sein, und das klingt etwas ungewöhnlich und extrem. Es ist nicht das, wonach manche Leute ausschauen. Sie möchten schon gern Segnungen, aber es soll alles angemessen, ruhig und ordentlich vor sich gehen.

Beachten Sie, wie jemand den Empfang des Heiligen Geistes auf einer charismatischen Konferenz beschrieben hat: „Er empfing den Geist still und unauffällig, ohne jegliche Gemütsbewegung, und gleichzeitig eine wunderbare, persönliche Gebetssprache, *genauso, wie es sein sollte.*" Gott behandelt jeden anders, und wir müssen dankbar sein für jedes echte geistliche Erlebnis. Aber beachten Sie die kursiv gedruckten Worte. Der Erzähler legt hinein, daß ein stilles, unauffälliges Erlebnis, bei dem alles sehr schön und ohne Gefühlsüberschwang vor sich geht, die Norm sei. Vielleicht ist es in der sogenannten „Erneuerungsbewegung" die Norm geworden, aber was sollte unser Kriterium sein?

Gott ist nicht daran interessiert, sein Handeln unserer Herkunft oder Kultur, unserem Temperament oder unseren Vorstellungen von Anstand und Ehrbarkeit anzupassen. Die beste Illustration dafür ist der Lebensstil des Sohnes Gottes. Er kümmerte sich selten um die Etikette, ließ sich auch nicht von dem bestimmen, „was man tut". Ja, zuweilen schien er sogar genau das Gegenteil zu tun. Wenn wir also die Geistestaufe neu einordnen und Gottes Gedanken und Gefühle herausfinden wollen, ist es wieder einmal nicht gut, auf die Kirchengeschichte, Gemeindetradition oder die Einstellung der Evangelikalen zurückzugreifen. Wir müssen zur Quelle des Stromes zurückgehen, müssen uns Gottes ursprüngliche Verheißungen vor Augen halten und prüfen, wie sie erfüllt worden sind.

Petrus war Gottes auserwähltes Werkzeug, um den Heiden die Tür des Glaubens aufzuschließen. Diese Ausgießung des Geistes auf die Heiden im Haus des Kornelius würde er niemals vergessen. Entgegen jeder liturgischen Ordnung wurde seine schöne evangelistische Predigt dadurch zu einem jähen Ende gebracht. Als der Heilige Geist „auf alle fiel, die dem Wort zuhörten" (Apg. 10,44) gab es ein solches geistliches Feuerwerk, daß Petrus dadurch an seine eigene herrliche und unvergeßliche Taufe am Pfingsttag erinnert wurde. Die anderen Juden, die ihn begleitet hatten, rissen vor Staunen Mund und Augen auf.

Später mußte Petrus auf Verlangen einiger seiner Mitarbeiter in Jerusalem über sein unorthodoxes Benehmen, sich mit den Heiden zu verbrüdern, Rechenschaft ablegen. Seine Erklärung gipfelte in folgenden bezeichnenden Worten: „Als ich aber zu reden anfing, fiel der Heilige Geist auf sie, *gleichwie auf uns am Anfang"* (Apg. 11,15). Das genügte, um auch den größten Skeptiker davon zu überzeugen, daß Gott und nicht Petrus das auslösende Moment gewesen war. Wo Verwirrung und Meinungsstreitigkeiten über eine Lehre herrschen oder wo wir vermuten, daß sie abgeändert, dem Zeitgeist angepaßt oder verwässert wurde, ist es gut, zum Ursprung zurückzugehen und zu prüfen, wie es *am Anfang* war.

Mit Wind und Feuer

Die erste eindeutige Verheißung des Geistes im Neuen Testament kam von den Lippen Johannes' des Täufers. Sie war ein wesentlicher Bestandteil seines Zeugnisses von dem kommenden Messias und ist darum in jedem der vier Evangelien aufgezeichnet. Er wies deutlich darauf hin, daß seine Taufe lediglich eine Wassertaufe sei, die des Messias würde jedoch eine Taufe mit Heiligem Geist und Feuer sein. Wenn wir die andere Bedeutung von „Geist" benutzen, könnten wir die Aussage mit „mit heiligem Wind* und Feuer" übersetzen. Johannes benutzte einen anschaulichen Ausdruck, um seinen Hörern verständlich zu machen, welcher Art diese Taufe sein würde. Sie würde zwei Bestandteile aufweisen, nämlich Wind und Feuer. Und genau so geschah es an Pfingsten. Der Wind, der auf sie herabfuhr, symbolisierte Gottes Kraft, und die Feuerflamme, die sich auf jeden von ihnen setzte, zeugte von seiner Reinheit. Der Wind war gekommen, um die Jünger mit Kraft zu erfüllen, das Feuer, um sie zu reinigen.

---

* Das griechische Wort „pneuma" wird in Johannes 3,8 mit „Wind" übersetzt.

Schauen Sie sich diesen Petrus vor Pfingsten an. Obwohl er Jesus als den Christus bekannt und alles verlassen hatte, um ihm zu folgen, sehen wir in diesem Fischer einen Mann, der noch sehr ungefestigt ist: verwickelt in Auseinandersetzungen mit den anderen Jüngern, wer der Größte unter ihnen sei; darauf bedacht, sich eine gute Stellung zu sichern; prahlend, wenn auch alle anderen Jesus verlassen würden, er nicht. Er würde mit ihm ins Gefängnis und in den Tod gehen. Doch kurze Zeit später verleugnet er seinen Herrn unter Schwüren und Flüchen wegen einer spottenden Magd.

Betrachten Sie ihn dann nach Pfingsten. Welch eine Befreiung hat dieser Mann im Hinblick auf seine gesamte Persönlichkeit erlebt! Ob er nun vor der versammelten Menge steht und predigt oder vor dem Hohen Rat, wo es um Leben oder Tod geht, jedesmal zeichnet ihn der gleiche unglaubliche Mut, Glaube und Vollmacht aus. Wir haben keine Schwierigkeiten, in seinem Fall die Voraussage des Johannes als erfüllt anzusehen. Petrus ist tatsächlich mit Wind und Feuer getauft worden.

Was uns betrifft, scheint es, als seien im Hinblick auf das Wirken des Geistes heute diese grundlegenden Kennzeichen der Taufe verlorengegangen. Die Sprachengabe mag eine normale Manifestation sein, wenn der Heilige Geist über einen Gläubigen kommt, und dem Herrn sei Dank für eine „schöne Gebetssprache", aber sie ist nicht das Wichtigste dieser Erfahrung. Wenn man sie dazu macht, geht ein wesentlicher Faktor verloren. Sprachen können niemals genügen, wenn Wind und Feuer fehlen. Jesus hat in seiner Abschiedsrede, bevor er vom Ölberg aus zum Himmel auffuhr, die Verheißung seines Vaters an die Jünger erneuert. Er hätte sagen können: „Ihr werdet die Sprachengabe empfangen, wenn der Heilige Geist auf euch kommt", und das wäre nicht falsch gewesen. Aber er sagte: „Ihr werdet Kraft empfangen." Es war die Kraft, die ihnen verheißen worden war, und auf Kraft warteten sie im Glauben, und Kraft erhielten sie auch. Nur eine Gemeinde, die mit Wind und Feuer getauft wurde, wird je das Reich einnehmen.

Lärm und Gefühlsbewegung

Ich habe volles Verständnis für solche, die es lieber haben, wenn alles ruhig und ohne Gefühlsüberschwang vor sich geht. Als ich zum ersten Mal mit der charismatischen Bewegung in Berührung kam, brachte ich ein solides angelsächsisches Temperament, eine empfindsame Veranlagung und außerdem eine konservativ geprägte evangelikale Tradition mit. Geräuschvolle und gefühlsbetonte Versammlungen brachten mich in die größte Verlegenheit. Wenn jemand vorgeschlagen hätte, eine Vereinigung zur Lärmbekämpfung zu gründen, wäre ich sofort dabei gewesen. Ich war in Versammlungen gewesen, wo man sich in lautes Gehabe hineingesteigert hatte und wo die Begeisterung menschlich angeheizt worden war, wie das fremde Feuer, das Nadab und Abihu Gott darbringen wollten. Aber Gott mußte mir deutlich machen, daß meine veranlagungsmäßige Zurückhaltung keineswegs geistlicher oder weniger fleischlich war als ungeistlicher Lärm. Wenn ich mich von meiner Befangenheit bestimmen ließ, obwohl Gott vielleicht gerade wollte, daß ich in die Hände klatschte oder „einen fröhlichen Lärm machte", dann war das für ihn ebenso unannehmbar.

Wie war es „am Anfang" gewesen? Verlief Pfingsten still und ohne Gefühlsbewegungen? Das Reden in Zungen war so lautstark, daß eine gewaltige Menschenmenge vom anderen Ende der Stadt angezogen wurde. Einige kamen, um zuzuhören, andere, um zu spotten. Doch nach der Predigt des Petrus meldeten sich dreitausend Menschen, die mehr wissen wollten. Stellen Sie sich vor, ein Zuschauer bekommt einen der Apostel zu fassen und beginnt folgende Unterhaltung:

„Eure Leute dort sind wohl betrunken?"

„Nein, nur erfüllt mit dem Heilige Geist!"

„Sie müssen besessen sein."

„Ja, von Gott besessen."

„Sie haben jede Selbstbeherrschung verloren."

„Sie stehen unter der Herrschaft des Geistes."

„Sie sind von Sinnen."

„Gott hat ihren Sinn in Beschlag genommen."

„Aber ist denn Gott der Urheber dieses Lärms?"

„Ja, er fing damit an. Haben Sie nicht das Brausen des mächtigen Windes gehört? Er brach mitten hinein in unsere schöne Gebetsversammlung."

So schön und individuell

Wir müssen uns davor hüten, geistliche Erlebnisse zu stark zu individualisieren. Das ist die Tendenz der evangelikalen Richtung. Ein persönlicher Glaube an einen persönlichen Retter und eine persönliche Taufe in den Geist stellen nur eine Seite der Wahrheit dar. Die Bindung an Christus ist die Bindung an einen „Leib", und die Taufe in den Geist ist eine Taufe „in den Leib Jesu". An Pfingsten gab es keinen Individualismus. Das persönliche Erlebnis, „mit dem Heiligen Geist erfüllt zu sein", verlor sich rasch in dem überwältigenden Gefühl des Einsseins mit den anderen. Dadurch wurde ein brandneues Wort unseres biblischen Vokabulars geprägt: *koinonia,* Gemeinschaft. Die Dynamik der Urgemeinde lag nicht in geisterfülltem Individualismus, sondern in geisterfüllter Körperschaft. Selbst die große Pfingstpredigt des Petrus war keine Solodarbietung, denn „er stand auf mit den Elfen".

Wenn Paulus in 1. Korinther 12,13 erklärt, daß wir alle „in einem Geist zu einem Leibe getauft" sind, spricht er nicht von der Wiedergeburt. Sein Thema in 1. Korinther 12 sind die Geistesgaben, und zwar – nach der Aufzählung in den Versen 8 – 10 zu schließen – in einer „charismatischen Vielfalt". Doch wie kommt das Volk Gottes zu dieser Erfahrung? Nicht durch die Bekehrung, wie wir alle wissen, sondern durch eine pfingstliche Taufe in den Heiligen Geist. Wer diese Taufe „in den Leib Jesu hinein" mit der Wiedergeburt gleichsetzt, läßt nicht nur den unmittelbaren Kontext außer acht, sondern auch die übrigen sechs Stellen zum Thema Geistestaufe im Neuen Testament.

Nun wird vielleicht jemand fragen: „Wollen Sie damit sagen, daß Gläubige, die die Geistestaufe nicht erlebt haben, nicht zum Leib Christi gehören?" Absolut nicht. Wir müssen verstehen, was in der Schrift „hineingetauft" bedeutet. Johannes predigte eine Taufe „in die Buße hinein", „eis metanoian" (Matth. 3,11), wenn man es wörtlich übersetzt. Das bedeutet nicht, daß Johannes die Menschen taufte, um sie in den Stand der Buße hineinzubringen, sondern als sie Buße getan hatten, taufte er sie „in diese Buße hinein". Erinnern Sie sich, wie er sich weigerte, die Pharisäer zu taufen, ehe sie Früchte der Buße hervorgebracht hätten. Ähnlich ist es mit der Taufe eines Christen. Erst wenn ein Mensch in Christus ist, haben wir die Autorität, ihn in Christus hineinzutaufen. Die Wassertaufe bringt niemals einen Menschen in Christus hinein. Mit der Geistestaufe ist es nicht anders. Nur wer durch die Neugeburt ein Glied am Leibe Christi geworden ist, ist ein Anwärter für die Geistestaufe in diesen Leib hinein.

Wir haben bereits betont, daß die Wassertaufe nicht lediglich symbolisch zu verstehen ist, sondern auch empirisch, das heißt: erfahrbar ist. Sie soll den Glauben wecken, so daß das In-Christus-Sein (d.h. vereinigt mit ihm in seinem Tod, Begräbnis und seiner Auferstehung) eine praktische Realität wird. Die Geistestaufe soll unsere Stellung im Leibe Christi in der Kraft des Geistes zur Auswirkung bringen. Zusammengefaßt: *Die Taufe (Wasser- und Geistestaufe) soll zu einer echten Erfahrung werden lassen, was bereits als Stellung gegeben ist.*

Das Außergewöhnliche an Pfingsten waren nicht hundertzwanzig geisterfüllte Gläubige, sondern daß diese geisterfüllten Gläubigen zu einem funktionsfähigen Leib verschmolzen wurden, der die Welt in den folgenden Jahren auf den Kopf stellte. Die Welt hatte auch schon vorher geisterfüllte Menschen gesehen, aber niemals einen geisterfüllten Leib. Paulus hatte immer diesen Leib im Sinn, und ihm wurde die Offenbarung der – wie man es bezeichnen könnte – Gemeindedimension der Geistestaufe gegeben. Seine Illustration von Israels Taufe weist auf ein gemeinsames Erlebnis hin.

Einem Bekehrten muß man klarmachen, daß die Geistestaufe nicht in erster Linie dazu dienen soll, ihn zu einem großen Prediger, Pastor, Evangelisten oder was auch immer zu machen, sondern sie soll ihn ausrüsten, damit er seinen Platz im Leib Christi einnehmen und so gut wie möglich ausfüllen kann. Der Individualismus muß gekreuzigt werden, wenn der wunderbare, „vollkommene Mann" nach Epheser 4,13 in seinem vollen Mannesalter in dieser Welt etwas ausrichten soll.

Eine mächtige Ausgießung ist nötig

„Habt ihr den Heiligen Geist empfangen, als ihr gläubig wurdet?" lautet die Frage, die Paulus an die ersten Jünger in Ephesus stellte (Apg. 19,2).

„Habt ihr den Geist durch Gesetzeswerke empfangen oder durch die Predigt vom Glauben?" (Gal. 3,2). Diese Frage stellte er den Gemeinden in Galatien.

Beide Fragen machen deutlich, daß der Empfang des Geistes ein klares, feststellbares Erlebnis ist. In seinen Briefen an die jungen Gemeinden setzt Paulus ebenso voraus, daß sie den Geist empfangen haben, wie er voraussetzt, daß sie in Wasser getauft wurden. Wenn wir Gelegenheit hätten, Paulus persönlich zu fragen, wie er den Heiligen Geist empfangen habe, wäre sein Zeugnis ebenso eindeutig wie das des Petrus. Er würde sich nicht auf die „Straße nach Damaskus" beziehen, wo er sich bekehrte, sondern auf die „Straße, die genannt ist ‚die Gerade'", die heute noch in der Altstadt von Damaskus zu sehen ist. Dort hatte ihm ein unbekannter Jünger namens Ananias die Hände aufgelegt, damit er sein Augenlicht wiedererhalten und mit dem Geist erfüllt werden sollte (Apg. 9,11-17).

Jahre später schrieb er an Titus, seinen geistlichen Sohn, in bezug auf den Heiligen Geist: „... welchen er reichlich über uns ausgegossen hat ..." (Titus 3,6). Der Gebrauch des Wortes „reichlich" bei der Beschreibung seines Erlebnisses weist erstens darauf hin, daß es nicht auf ihn heruntertröpfelte, sondern im Überfluß, als eine überschwengliche, reichliche Ausgießung auf ihn kam. Zweitens vermittelt es die Vorstellung von einer Bereicherung. Durch diese Ausgießung hatte er unschätzbare Gaben erhalten, die eine bleibende *Bereicherung* für seinen Dienst und durch ihn auch für den Leib Christi darstellten. Aber beachten Sie, daß Paulus nicht alles auf sich persönlich bezieht. Er sagt nicht: „... welchen er über mich ausgegossen hat", sondern „... welchen er über uns ausgegossen hat". Er verweist auf sich selbst, schließt aber ebenso Titus ein. Er gibt eine generelle Erklärung ab und bringt damit zum Ausdruck: „Wir haben beide eine gewaltige, überschwengliche, reichlich herrliche und bereichernde Ausgießung des Geistes erlebt." Daraus geht hervor, daß dies die Norm des Neuen Testamentes ist. Wieviele von uns, selbst aus charismatischen Kreisen, können wohl dazu aus vollem Herzen „Amen" sagen?

Seien Sie nicht mit weniger zufrieden!

Haben wir uns mit etwas weniger als dem vollen Maß zufriedengegeben? War uns lediglich ein Teil unseres Erbes genug? Dann müssen wir wie Elisa zu Gott kommen, um ein doppeltes Maß des Geistes bitten und wie dieser Mann Gottes anhalten, bis wir ihn bekommen. Und unsere Brüder und Schwestern wollen wir ermutigen, das gleiche zu tun.

Wenn wir radikale Christen sind, werden wir niemals aus Furcht, andere könnten uns für extrem halten, das abschwächen, was wir im Hinblick auf dieses radikale Erlebnis glauben. Sonst werden wir die Erfahrung machen, daß die Schneide stumpf geworden ist, und zwar nicht nur für uns, sondern für alle, auf die wir einwirken möchten. Unsere Ansicht über die Geistestaufe wird darüber entscheiden, wie wir über sie *reden.* Wie wir darüber *reden,* wird entscheiden, zu welcher *Überzeu-*

gung die Menschen kommen. Und wovon die Menschen *überzeugt* sind, das entscheidet darüber, was sie *bekommen.* Was sie aber *bekommen,* sollte nicht weniger sein als eine *reichliche Ausgießung,* denn das ist die Norm des Neuen Testaments.

DER VORGESCHRIEBENE WEG

Religion ist formal, leer und routinemäßig geworden, ohne jede Beziehung zum echten geistlichen Leben. Religiöse Führer straucheln, weil sie Gottes Wort und seine Normen verwerfen. Aber nicht nur das, sie bringen auch andere zum Straucheln. Humanistische Philosophien, in denen Menschen die Lösung ihrer Probleme von Menschen erwarten, herrschen vor. Es gibt nichts Absolutes mehr. Gut wird böse genannt und böse gut. Infolgedessen hat sich das moralische Verhalten in erschreckendem Maß verschlechtert. Davon zeugen Gemeinheit, Lügen, Diebstähle, Unehrlichkeit, Raubüberfälle, Morde und jede Art von Gewalttätigkeit. Trinkgelage und Orgien sind an der Tagesordnung.

Noch immer haben die Leute genug Geld. Sie scheinen das Ausmaß der Entwertung nicht zu sehen. Zunehmender Wohlstand führt zu zunehmendem Götzendienst. Die Menschen haben den Materialismus zu ihrem Abgott gemacht. Die sich häufenden Zeichen, die auf den nationalen Bankrott hindeuten, scheinen nicht in ihr Bewußtsein zu dringen. Auf der einen Seite herrschen Bestechung und Korruption bis in die höchsten Stellen hinein vor, auf der anderen Seite zerfleischt die Gesellschaft sich in den niedrigeren Schichten selbst, indem eine Gruppe oder Partei die andere bekämpft. Die Jugend zeigt keinen Respekt mehr vor dem Alter und vor Menschen, denen Ehre gebührt. Sie lassen ihre politischen Muskeln spielen, wenn sie die Arena der Macht betreten und Einfluß gewinnen. Auch die Frauen nehmen den Kampf für Freiheit und Gleichheit auf und reißen immer mehr die Zügel an sich. Auf geistlichem Gebiet ist der Zerfall auch an dem zunehmenden Einfluß des Okkultismus zu sehen. Immer mehr Menschen wenden sich ratsuchend an spiritistische Medien.

Ein Bild unserer heutigen westlichen Welt? Das könnte man meinen, in Wirklichkeit jedoch haben wir ein Bild des Nord- und Südreichs von Israel vor uns. Nämlich so beschrieben die Propheten Hosea und Jesaja die geistige und moralische Verfassung Israels mehr als sieben Jahrhunderte vor Christus. Die prophetischen Bücher sind zweifellos so etwas wie Traktate für die jeweilige Zeit. Damals bestimmten Angst und Unsicherheit die Szene. Fern im Osten leuchtete der aufgehende Stern Assyrien, das sich, ähnlich wie die Sowjetunion heute, um die Vorherrschaft in der Welt bemühte. „Warum", so fragt der Prophet, „sollten die Menschen zu den Geistern der Toten gehen, um Antwort zu finden, wenn sie doch einen lebendigen Gott haben?" Und er ruft aus: *„Das Gesetz und das Zeugnis der Schrift,* das ist es, worauf wir sehen müssen, wenn wir ein zuverlässiges Wort suchen" (Jes. 8,19-20).

Die Frage, die sich jeder von uns an diesem Punkt stellen muß, lautet: „Findet sich in der Schrift ein aktuelles Wort, das in meine gegenwärtige Situation hinein spricht? Sie mag mir zwar die Wahrheit über meine Beziehung zu Gott sagen, aber was sagt sie über meine Beziehung zur modernen Arbeitswelt? Sie mag klare Aussagen über mein persönliches Leben machen, aber wie ist es mit meinem Leben in der Gemeinde in einer verwirrten und gespaltenen Christenheit?" Nahezu zwei Jahrtausende sind vergangen, seit das Neue Testament niedergeschrieben wurde. Kann ein Dokument aus dem ersten Jahrhundert tatsächlich für das zwanzigste Jahrhundert noch Bedeutung haben? „Ja, natürlich", ist die Orthodoxie schnell dabei zu antworten. Aber wie bei den „Herr, Herr"-Sagern erweist sich dies erst, wenn das Lippenbekenntnis in Gehorsam umgesetzt wird. Es ist eine Frage des Lebens „gemäß der Schrift" (1. Kor. 4,6), und zwar auf *jedem* Gebiet unseres Lebens. In diesem Kapitel sollten wir unsere Haltung der Bibel gegenüber prüfen. Wenn sie richtig ist, werden wir immer, wenn Gott uns etwas nach seinem Wohlgefallen offenbart, mit Entschiedenheit reagieren.

Unter Beschuß

Im Garten Eden eröffnete Satan seinen Angriff nicht, indem er kategorisch leugnete, was Gott gesagt hatte – das sollte erst später kommen –, sondern mit einer versteckten Andeutung, die darauf angelegt war, Zweifel zu wecken: „Sollte Gott gesagt haben?" (1. Mose 3,1). Seine Taktik hat sich nicht geändert. Gewisse Veröffentlichungen in der christlichen Presse werfen einige sehr schwerwiegende Fragen auf: Was können und sollen wir glauben hinsichtlich der Zuverlässigkeit der Heiligen Schrift? Wenn wir fragen, ob sich die Geschichte von Jona und dem Wal tatsächlich zugetragen hat, ob der Bericht über die Weisen aus dem Morgenland Wahrheit oder Dichtung ist, ist schon die Fragestellung falsch. So wird es uns nicht gelingen, an das Kernproblem heranzukommen. Es mag sich banal anhören, aber unsere Haltung der Bibel gegenüber wird immer von unserer Haltung Gott gegenüber bestimmt sein. Wenn unsere Einstellung ihm gegenüber in Ordnung ist, wird auch unsere Einstellung seinem Wort gegenüber in Ordnung sein.

Am Ende des zweiten Weltkrieges diente ich in der englischen Armee auf dem Kriegsschauplatz im Mittelmeerraum. Es wurden Kurse eingerichtet, um der Mannschaft zu helfen, sich auf ihre Berufe im zivilen Leben vorzubereiten. Das einzige, was ich finden konnte und was für diejenigen angeboten wurde, die Gott dienen wollten, war ein Kurs in Philosophie und neutestamentlichem Griechisch für Geistliche. Es war nicht gerade nach meinem Geschmack, aber besser als gar nichts.

Der Kurs wurde in der Universitätsstadt Perugia durchgeführt. Dort machte ich die Bekanntschaft eines enthusiastischen Militärgeistlichen. Er hatte eine völlig andere Ansicht über die Bibel als ich, und mehr als einmal kreuzten wir die Klingen in heftigen Diskussionen. Einige der Fragen, die er aufwarf, konnte ich ohne Schwierigkeiten beantworten, aber andere brachten mich aus dem Gleichgewicht. Ich verbrachte mehrere Tage in der „Zweifelsburg".

Was mich wieder herausbrachte war nicht, daß ich Antworten auf meine intellektuellen Schwierigkeiten bekommen hätte, sondern daß ich dem Heiligen Geist erlaubte, mich daran zu erinnern, wie ich Gottes Gnade erlebt hatte: Gott hatte mir vergeben, er hatte mich als sein Kind angenommen. Die biblischen Verheißungen, daß Gott für die Seinen sorgt, hatten sich in meinem Leben bewahrheitet. Kriegserlebnisse von Gottes wunderbarer Bewahrung, als zum Beispiel eine feindliche Granate nur ein bis zwei Meter von dem Schützengraben entfernt landete, in dem ich lag, und die mich in Stücke gerissen hätte, wenn sie explodiert wäre – solche und viele andere Erlebnisse waren mir die Bestätigung dafür, daß Gott real war. Er war da. Er hatte in seinem Wort geredet, und es hatte sich immer wieder als wahr erwiesen. Noch blieben viele unbeantwortete Fragen, aber die fünfunddreißig Jahre, die seit dem Erlebnis in Perugia vergangen sind, haben nur dazu geführt, mein Vertrauen und meine Liebe zu diesem Buch zu vertiefen.

Erweckung und die Furcht des Herrn

Unsere Einstellung zur Bibel und wie wir sie interpretieren, wird immer von unserem Verhältnis zu Gott bestimmt. Die Heilige Schrift und die Geschichte lehren uns, daß in Zeiten der Erweckung ein besonderer Hunger nach dem Wort Gottes herrscht und die Menschen eine tiefe Ehrerbietung vor ihm empfinden, weil ihnen Gottes Gegenwart überwältigend bewußt wird. Das Verhältnis zur Bibel spiegelt das Verhältnis zu Gott wider. Es ist undenkbar, daß Menschen Hunger nach Gott haben und dabei seinem Wort gegenüber gleichgültig sein können.

Die Propheten, und unter ihnen besonders die, welche über die Wiederherstellung der göttlichen Ordnungen predigten, betonten besonders die Furcht Gottes. Zu den ergreifendsten Gebeten der Bibel gehören die von Esra, Nehemia und Daniel, also Männer, die von Gottes großem Wiederherstellungsprogramm gepackt waren. Wir lesen, daß sie sich mit Gebet und Fasten vor Gott demütigten. Sie wandten sich an den „großen und schrecklichen Gott, der den Bund und die Gnade denen bewahrt, die ihn lieben und seine Gebote bewahren" (Dan. 9,4; Neh. 1,5). Sie erniedrigten sich vor Gott, indem sie die Sünden der Menschen, die Gottes heiliges Gesetz verachtet hatten, bekannten. „Mein Gott, ich schäme und scheue mich, mein Angesicht aufzuheben zu dir, mein Gott; denn unsere Sünden sind über unser

Haupt gewachsen, und unsre Schuld reicht bis an den Himmel!" betet Esra (Esra 9,6).

Derselbe Geist, der diese Männer vor dem Gott des Himmels zittern ließ, ließ sie auch vor seinem Wort zittern. „Daniel", sagte der himmlische Bote, der gekommen war, um ihm die Vision, die er gesehen hatte, zu erklären, „Mann, der du lieb und wert bist, merke auf die Worte, welche ich jetzt zu dir rede und nimm deine Stellung ein; denn jetzt bin ich zu dir gesandt!" Daniel berichtet von seiner Reaktion: „Da er nun also zu mir redete, stand ich zitternd auf" (Dan. 10,11).

Mit welch tiefer Ehrfurcht und heiliger Angst haben diese großen Heiligen Gottes Wort empfangen! Als Esra entdeckte, wie die aus der Gefangenschaft Zurückgekehrten das Gesetz gebrochen hatten, indem sie sich durch Heirat mit fremden Völkern vermischt hatten, berichtet er: „Ich zerriß mein Kleid und meinen Rock und raufte mir das Haar und den Bart aus und saß bestürzt da. Und *alle, die das Wort des Gottes Israels fürchteten* wegen der Übertretung derer, die aus der Gefangenschaft gekommen waren, versammelten sich zu mir" (Esra 9,3+4). Die radikale Reaktion des Gottesmannes verfehlte ihre Wirkung auf die Menschen nicht.

Kopf oder Herz

Eine der größten Gefahren, die wir im Zusammenhang mit der Bibel sehen, ist der Intellektualismus. Nachdem wir in das Reich Gottes hineingekommen sind, weil wir dem Wort Gottes in unserem Herzen vertraut haben, neigen wir leicht dazu, wieder dahin zurückzukehren, die Wahrheit durch einen natürlichen, geistigen Denkprozeß erfassen zu wollen. Fakten werden im Gehirn gespeichert, aber die Wahrheit wird nicht in dem „geistlichen Blutkreislauf" aufgenommen, weil dazu der Glaube gehört.

Der Pastor einer großen Gemeinde in den USA äußerte sich mir gegenüber besorgt über den Gebrauch von Kassetten mit biblischem Inhalt. In seiner Gemeinde hatten sich eine Reihe von Menschen höherer Berufsstände bekehrt.

Sie waren eifrig darauf bedacht, zu lernen und zu wachsen. Als Menschen mit einem trainierten Verstand benutzten sie Tonbänder, um sich biblisches Wissen anzueignen und es ebenso zu beherrschen wie ihr berufliches Wissen. Aber theologisches Wissen ist nicht gleichbedeutend mit geistlicher Erbauung. So ist es oft der Glaube, der fehlt, denn der Wirkungsbereich ist der Kopf, aber nicht das Herz.

Wenn wir von der Gottesfurcht und dem Zittern vor seinem Wort sprechen, befassen wir uns mit dem Zustand des Herzens. Das ist das Kernproblem. Gott sagt: „Ich will den ansehen, der gebeugten und niedergeschlagenen Geistes ist und der zittert ob meinem Wort" (Jes. 66,2). Der Gehorsam dem Willen Gottes gegenüber geht immer Hand in Hand mit der Ehrfurcht vor Gottes Wort, ebenso mit Gehorsam in bestimmten Punkten und einer tiefen Unruhe, wenn Gott uns unser Versagen deutlich macht. Wo dieser Zustand des Herzens fehlt, nehmen wir es mit der Wahrheit nicht mehr so genau, kümmern uns nicht um das, was er uns geboten hat (wie bei König Jehu), und sind schnell bei der Hand, uns zu entschuldigen und zu rechtfertigen, wenn der Heilige Geist aufdeckt, was nicht in Ordnung ist.

Vater und Sohn

Diese beiden gegensätzlichen Einstellungen finden wir

im Leben zweier jüdischer Könige veranschaulicht. Während der Regierung des Königs Josia wurde das Gesetzbuch im Tempel entdeckt. Der Kanzler las es dem König vor. Josias Reaktion war dramatisch. Er zerriß sein Gewand und sandte sofort seine Beamten aus, um zu erforschen, was Gott gesagt hatte. Er wußte, daß Gott meinte, was er sagte, und daß sein Gerichtsschwert über dem Volk hing. Das kommt in seinen eigenen Worten zum Ausdruck: „Unsere Väter haben nicht auf die Worte dieses Buches gehört, daß sie getan hätten alles, was uns darin vorgeschrieben ist!" (2. Kön. 22,13). Gottes Antwort lautete, das Gericht werde zwar kommen, aber nicht während der Regierungszeit Josias, weil er in der richtigen Weise reagiert habe. „Weil dein Herz weich geworden ist und du dich vor dem Herrn gedemütigt hast, als du hörtest, was ich wider diesen Ort und seine Bewohner geredet habe, ... und weil du deine Kleider zerrissen und vor mir geweint hast, so habe auch ich darauf gehört, spricht der Herr" (Vers 19). Darauf folgte eine Zeit der Erweckung.

Während der Regierungszeit Jojakims fiel dann das Heer der Babylonier ins Land ein, und die Gerichtsweissagung begann sich zu erfüllen. Trotzdem wäre auch dann noch Zeit zur Buße und zur Abwendung des Gerichts gewesen. Der König und das Volk waren wiederholt durch den Propheten Jeremia gewarnt worden. Auf Gottes Anordnung hin diktierte er Baruch, seinem Schreiber, alle Worte, die er seit der Regierungszeit des Josia geredet hatte, und trug ihm auf, er solle die Schriftrolle den Menschen, die im Tempel versammelt waren, vorlesen. Die Folge war, daß man die Schriftrolle schließlich zum König brachte. Doch jedesmal, wenn Jehudi ein Stück vorgelesen hatte, schnitt der König es mit einem Messer ab und warf es in den Kohlentopf, der vor ihm brannte, bis die ganze Rolle vernichtet war. Er zeigte auch nicht die leiseste Besorgnis über das, was er gehört hatte. Seine einzige Reaktion war, daß er den Befehl gab, Jeremia und Baruch gefangenzunehmen.

Was der Vater besaß, ging dem Sohn völlig ab – die Furcht des Herrn. Die meisten von uns befinden sich irgendwo zwischen diesen beiden. Wir machen uns nicht einer so kalten Gleichgültigkeit schuldig, aber wir ahmen auch nicht den Feuereifer für Gottes Wort nach, den wir bei Josia sehen. Vielleicht sollten wir uns selbst fragen, ob wir nicht zu den Lauwarmen und Unentschiedenen gehören.

Den Anweisungen folgen

Es ist nicht genug, daß wir alles, was gesagt wurde, auf unser persönliches Leben anwenden. Gott sagt in der Schrift vieles im Hinblick auf das Leben der Gemeinde. Er hat uns nicht ohne klare Anweisung gelassen, was die Bestimmungen für sein Haus anbelangt und welche Funktion wir als ein Teil davon ausüben sollen. Unser Leben in der Gemeinde muß nach Gottes Willen ausgerichtet sein. Hier drückt bei vielen der Schuh. In diesem Punkt sollten wir ebenso fest entschlossen sein, Gottes Willen zu erkennen und zu tun, wie in anderen Dingen.

Den Mittelpunkt alttestamentlichen Gottesdienstes bildete die Bundeslade, die gewöhnlich im Allerheiligsten stand. Ihr Transport nach Kanaan, nachdem die Israeliten das Land eingenommen hatten, geschah unter ziemlich dramatischen Umständen. Von den Philistern im Kampf erbeutet, war sie schließlich wieder nach Israel, nicht aber an einen zentralen Ort im Leben des Volkes zurückgekehrt. David entschied sich zu Beginn seiner Regierungszeit, das zu ändern. Er sagte zu dem

Volk: „Laßt uns die Lade unsres Gottes wieder zu uns holen; denn zu den Zeiten Sauls fragten wir nicht nach ihr" (1. Chron. 13,3).

Wie oft lesen wir: „Da *fragte* David den Herrn" (1. Sam. 23,2+4). So verfuhr er gewöhnlich, ehe er eine Entscheidung traf. Diesmal jedoch *„hielt David Rat* mit den Obersten" (1. Chron. 13,1). Statt einer Gebetsstunde hielt er eine Ausschußsitzung ab. Das Ergebnis war eine „gute Idee". So ist das gewöhnlich bei Ausschußsitzungen. Zur Zeit der Wüstenwanderung mochte es angebracht gewesen sein, die Bundeslade an Stangen auf den Schultern der Priester zu tragen, aber ihr religiöses Leben hatte sich ja seit jener Zeit weiterentwickelt. Warum also sollte man sich an diese umständliche und mühsame Art der Beförderung halten, wie man es früher getan hatte? Warum nicht dem Beispiel der Philister folgen und die Bundeslade auf einem neuen Wagen transportieren? (1. Sam. 6,7-12). Dieser Vorschlag wurde einstimmig angenommen. Vielleicht wurde die Sitzung mit einem Gebet um Gottes Segen für diesen Plan abgeschlossen. Wenn ja, hat Gott jedenfalls dieses Gebet nicht erhört. Er hat sich nie darauf festgelegt, unsere Pläne zu segnen. Er zieht es vor, das zu segnen, was er selbst ins Leben gerufen hat.

Wir erinnern uns an den tragischen Ausgang dieses Unternehmens. Die Rinder, die den Wagen zogen, glitten aus. Usa, einer der beiden Männer, die den Wagen führten, reckte seine Hand aus, um die Bundeslade festzuhalten. Da schlug Gott zu, und Usa starb. Warum so ein hartes Gericht? Mit diesem Zwischenfall wollte Gott für alle Zeiten ein Exempel statuieren, um sein Volk, sowohl das des Neuen wie des Alten Bundes zu warnen und ihm vor Augen zu halten, wie töricht und gefährlich es ist, die Vorschriften Gottes in bezug auf sein Haus in irgendeiner Weise abzuändern. Wenn wir in der Furcht des Herrn stehen, werden wir uns davor hüten. Wir werden auch das nicht fortzusetzen versuchen, was andere fälschlicherweise angefangen haben.

David war durch dieses Erlebnis zutiefst erschüttert. Er brauchte drei Monate, um sich davon zu erholen. Aber er lernte die Lektion, die Gott ihm hatte erteilen wollen. Bevor er es erneut versuchte, versammelte er die Priester und Leviten und bekannte ihnen: „Denn das vorige Mal, als ihr nicht da waret, machte der Herr, unser Gott, einen Riß unter uns, *weil wir ihn nicht suchten, wie es sich gebührte*" (1. Chron. 15,13). Hätten sie den Herrn *gefragt,* anstatt zu *konferieren,* hätte er sie bestimmt an das erinnert, was er im Gesetz festgelegt hatte. Schlußendlich trugen dann „die Kinder Levi die Lade Gottes auf ihren Schultern, indem sie die Stangen auf sich legten, *wie Mose geboten hatte nach dem Wort des Herrn*" (1. Chron. 15,15).

Vorschriften für das Haus Gottes

Da den meisten von uns die Einrichtung ihres Hauses ziemlich wichtig ist, wäre es eigentlich erstaunlich, wenn Gott in bezug auf sein Haus fünfe gerade sein ließe. In Wirklichkeit nimmt er es sehr genau. Als das erste Heiligtum erbaut werden sollte, überließ er nichts den Einfällen und der Phantasie der Menschen, sondern gab Mose genaue Anweisungen, wie er alles haben wollte, bis hin zum letzten Sockel und Nagel. Er nahm ihn sogar auf eine Führung durch das himmlische Modell mit und sagte ihm: „Genauso möchte ich es haben" (Hebr. 8,5). Bei Salomos Tempel war es das gleiche. David gab ihm „ein Vorbild alles dessen, was bei ihm in seinem Geiste war", und das war „alles nach der Vorschrift des Herrn" (1. Chron. 28,12+19). Nicht einmal der Weisheit eines Salomo wurde der Plan überlassen.

Wenn Gott es im Alten Bund so peinlich genau nahm, können wir uns dann vorstellen, daß er es im Neuen Bund weniger genau nimmt? Wie Salomo haben wir alles schriftlich durch die Hand Gottes auf den Seiten des Neuen Testaments. Doch es gibt für uns einen sehr wichtigen Unterschied:

Im Alten Testament hatte Gott ein Heiligtum für sein Volk. Im Neuen Testament hat Gott ein Volk als Heiligtum.

Im Alten Testament haben wir ein irdisches Haus – im Neuen Testament ein geistliches.

Im Alten Testament gab es ein göttliches Muster – im Neuen Testament göttliche Grundsätze.

Im Alten Testament finden wir eine feste Form – im Neuen Testament einen beweglichen Leib.

Wenn Menschen einer Gemeinde eine steife, festgefügte Struktur aufzwingen, sei sie traditioneller oder historischer Art oder auf dem Mißverständnis beruhend, es gäbe ein starres neutestamentliches Muster für das Gemeindeleben, begeben sie sich damit wieder „unter das Gesetz". Es gibt keinen Beweis dafür, daß alle neutestamentlichen Gemeinden gleichförmig waren. Gott ist ein Gott der Vielfalt, und neben rassischen und kulturellen Unterschieden gibt es immer eine Vielfalt verschiedener Prägungen. Aber durch alle Verschiedenartigkeit der Form hindurch leuchtet doch das gleiche Prinzip. Die Ähnlichkeiten sind wichtiger als die Verschiedenheiten. Nicht die Form, sondern das Prinzip sollte uns interessieren.

Können Sie sich vorstellen, wie ein Ehepaar reagieren würde, das während seiner Abwesenheit die Wohnung Freunden zur Verfügung gestellt hat und bei der Rückkehr die Wohnungseinrichtung völlig verändert vorfindet? Das Klavier im Wohnzimmer hat man auf die andere Seite des Raumes gerückt. Wertvolle Ölgemälde sind heruntergenommen und auf dem Dachboden verstaut worden, und die hübschen Gardinen im Eßzimmer sind durch andere mit einem schrecklichen Muster ersetzt worden. Man kann sich kaum vorstellen, daß jemand eine solche Unverfrorenheit besitzen könnte. Aber genau das ist es, was die Christenheit im Laufe der Jahrhunderte mit Gottes Haus getan hat. Die Änderungen vollzogen sich so langsam, daß sich die Menschen kaum dessen bewußt wurden, was geschah oder wie weit sie sich bereits vom neutestamentlichem Gemeindeleben entfernt hatten. Parallel zu den Veränderungen war ein Rückgang des geistlichen Lebens festzustellen.

Obwohl Gottes Pläne für seine Gemeinde immer die besten sind, sind sie doch so angelegt, daß sie nur mit göttlicher Kraft zur Wirkung kommen. Mit dem Schwinden wahrer Gottesfurcht zog sich auch der Heilige Geist allmählich zurück. Statt zu korrigieren, was falsch gelaufen war und damit die Rückkehr des Geistes sicherzustellen, schaute man sich nach menschlichen Auswegen um, damit sich die Räder weiter drehten, wenn auch ohne den Geist Gottes. Die Folge war, daß vieles eingeführt wurde, was Gott niemals angeordnet hatte. Auf diese Art wurde manches hinausgeworfen, was man hätte behalten sollen, und manches hereingebracht, was man besser draußen gelassen hätte.

Diese tragische Entwicklung in der Kirchengeschichte hatte schon ein Vorbild, das die Menschen hätten erkennen können. Und zwar in der Geschichte des Königs Ahas. Er war ein tief religiöser Mann, aber er verging sich gegen die Vorschriften, wie man sich Gott nahen sollte. Der entscheidende Schlag war die Entfernung des Brandopferaltars (ein Bild des Kreuzes) von seiner zentralen Stelle. Er machte daraus ein blutloses Mittel, Gottes Führung zu suchen. An Stelle des Altars führte er einen heidnischen Altar ein, der ihm auf einer Reise nach Damaskus in die Augen gestochen war (2. Kön. 16,10-16). Dies führte zu einer ganzen Reihe von Änderungen und Neuerungen. In zwei Versen zusammengedrängt lesen wir, daß König Ahas ... herausbrechen ließ ... hinwegtat ... herabnahm ... verlegte ... (2. Kön. 16,17-18). Das ist es, was auch in der Kirchengeschichte geschah. Jede Beseitigung bedeutet Verlust, und jeder Verlust muß wieder ersetzt werden, denn nichts, was Gott für sein Haus vorgesehen hat, ist überflüssig.

Unter den Königen Hiskia und Josia wurden alle unreinen Dinge aus dem Tempel entfernt. Alles, was sich an diesem Heiligen Ort befindet und was Gott nicht angeordnet hat, ist unrein. Gott sei Dank leben wir in einer Zeit der Wiederherstellung von Gottes Haus. Das bedeutet nicht nur eine Zeit, in der so vieles, was verlorengegangen ist, ersetzt werden muß, sondern auch eine Zeit, die radikale und oftmals schmerzhafte Schritte erfordert, um all das zu entfernen, was der Mensch eingeführt hat. Der radikale Christ, der vor Gottes Wort zittert, wird nicht der Tradition, dem Gefühl persönlicher Vorteile oder sonst irgend etwas gestatten, ihn von dem Weg abzuhalten, von dem er weiß, daß er Gottes Vorschrift entspricht.

DIE PRÜFUNG DES GEBÄUDES

Ein Freund von mir hat ein Haus gekauft. Nach einiger Zeit entdeckte er jedoch, daß es vom Hausschwamm befallen war. Der Verkäufer hatte ihn beim Kauf darüber informiert, daß es in der Vergangenheit Schwierigkeiten dieser Art gegeben habe, ihm aber versichert, daß der Schwamm ausgemerzt worden sei. Doch die Behandlung war nicht radikal genug gewesen. Jetzt mußte mein Freund mit hohen Kosten und viel Arbeitsaufwand rechnen. Der Verputz mußte entfernt und Balken herausgerissen werden, weil die Handwerker an die Wurzel des Übels gelangen mußten. Leider gab es keine andere Möglichkeit. Jedermann weiß, daß ein Haus, das vom Schwamm befallen ist, keine Zukunft hat.

Wir haben uns vor Augen geführt, welche Einstellung wir zum Wort Gottes und insbesondere zu den Aussagen haben sollten, in denen uns Gottes Gedanken über sein Haus nahegebracht werden. Dabei haben wir gesehen, wie Gott im Alten Bund Anordnungen hinsichtlich des Gebäudes, der Einrichtung und Funktion seines Heiligtums gegeben hat. Ich habe darauf hingewiesen, in welchem Ausmaß die christlichen Kirchen von Gottes Vorschriften abgewichen sind. Aber diese Ausführungen waren allgemeiner Art. Wir müssen jetzt einen Schritt weitergehen und sehen, von welch entscheidender Bedeutung es ist, daß die Struktur unserer Gemeinden mit dem Neuen Testament übereinstimmt.

Im Fall meines Freundes litten er und seine Familie darunter, daß die „Fachleute" nicht gründlich genug gewesen waren. Befallene Stellen waren verputzt worden, nur um die Symptome zu beseitigen, doch der Schwamm konnte sich weiter ausbreiten. Das gleiche hat sich immer wieder in der Kirchengeschichte ereignet, und ich fürchte es geschieht zur Zeit in der Charismatischen Bewegung. Gottes Familie leidet darunter, daß die „Fachleute", die geistlichen Baumeister, die Männer in Führungspositionen, die es wissen sollten, vor einer radikalen Behandlung, die an dem verfallenen Gebäude der Kirche nötig gewesen wäre, zurückschreckten. Statt dessen gaben sie sich mit einer oberflächlichen Behandlung zufrieden. Der Innenraum mag zwar als Ergebnis der „Operation Erneuerung" blitzsauber aussehen, aber das Haus wird den kommenden Sturm nicht überstehen, wenn das Bauwerk faul und brüchig ist.

Gott sprach zur Zeit Hesekiels ernste Worte zu den Propheten, die im Volk einen Optimismus und eine Sicherheit nährten, die völlig unberechtigt waren:

„Weil sie mein Volk irregeführt und von Frieden geredet haben, wo doch kein Friede ist. Das Volk baut eine Wand, und diese übertünschen sie mit losem Kalk! So sage nun denen, die mit losem Kalk tünchen, daß er abfallen wird. Es soll ein überschwemmender Platzregen kommen, und Hagelsteine werden fallen, und ein Sturmwind wird losbrechen! ... Und die Wand, welche ihr mit losem Kalk getüncht habt, will ich niederreißen und zu Boden werfen, daß ihr Fundament aufgedeckt werde" (Hes. 13,10-11+14).

Die Warnungen, die Gott uns in der Bibel hinsichtlich

der endzeitlichen Erschütterungen gegeben hat, kann sicher niemand in Zweifel ziehen, denn wir bekommen sie bereits zu spüren. Alles, was erschüttert werden kann, wird erschüttert werden. Dann wird sich zeigen, von welcher Qualität die Grundmauern und der Bau unserer Kirche ist, „denn der Tag wird es klarmachen."

Hüten wir uns vor Flickwerk!

Zur Zeit Jesu stöhnte das jüdische Volk unter der Versklavung durch die Römer und hatte das Empfinden, daß eine neue Epoche heraufzog. Aber Jesus machte ihnen unmißverständlich klar: Das Neue, das er einleite, werde weder durch das Alte begrenzt werden noch dazu dienen, es zu flicken. Nach dem Matthäus-Evangelium sagt er: „Niemand aber setzt einen Lappen von ungewalktem Tuch auf ein altes Kleid, denn der Lappen reißt von dem Kleide ab, und der Riß wird ärger" (Matth. 9,16). Zwar wird für den Augenblick eine gute Wirkung erzielt, aber auf die Dauer ist der Schaden nicht behoben, sondern tritt noch größer hervor.

Eine Gemeinde ist nicht von Grund auf erneuert, solange das Fundament unberührt bleibt. Wenn innerhalb einer Kirche eine lebendige Gruppe aus Geistgetauften besteht, die anfangen die Geistesgaben zu praktizieren; wenn eine freiere und lebendigere Art der Anbetung mit Chorussen und Erweckungsliedern eingeführt wird; wenn das Handaufheben, das Klatschen, ja sogar das Tanzen im Geist erlaubt wird; wenn die wöchentlichen Abendversammlungen in Hauskreise aufgeteilt werden mit dem Ziel, Jüngerschaft zu verwirklichen; wenn die Ein-Mann-Führung der Gemeinde durch ein Team von Ältesten ersetzt wird – alle diese Maßnahmen, so gut sie auch sind, werden sich doch lediglich als Flickwerk erweisen. Einzelne werden ohne Zweifel gesegnet werden. Anfänglich wird die Gemeinde belebt werden, wenn es aber dabei bleibt, wird es sich auf längere Sicht nachteilig auswirken. Zwischen den neuen Maßnahmen und den alten Strukturen wird sich ein stiller Kampf entspinnen, und Sie können sicher sein, am Ende werden die alten Strukturen gewinnen.

Der Bericht des Lukas über Jesu Worte klärt uns weiter auf: „Niemand *reißt ein Stück von einem neuen Kleide* und setzt es auf ein altes Kleid; denn sonst *zerreißt er auch das neue,* und das Stück vom neuen reimt sich nicht zu dem alten" (Luk. 5,36). Der Schwerpunkt verlagert sich von dem zerlumpten Gewand zu dem Stück neuen Stoffs. Lukas erzählt uns, woher es stammt. Es ist nicht im Restegeschäft gekauft oder als Stoffrest vom Schneider übriggelassen worden, sondern es wurde *aus einem neuen Gewand herausgerissen.* Hier ist das zweite Argument gegen das Flickwerk. Es verdirbt das Neue. Wenn Gott etwas Neues schafft, ist es in sich vollkommen und unversehrt wie ein Gewand. Gott will nicht, daß die Menschen es zerschneiden, sich das auswählen, was sie brauchen könnten, um etwas damit zu flicken, und den Rest dann wegwerfen. Aber die Alternative ist, wie jene jüdischen Jünger bald herausfanden, ziemlich radikal; es heißt nämlich, das zerlumpte Kleid wegzuwerfen und es durch ein neues zu ersetzen. Welchen Kampf die Judenchristen hatten, dieses radikale Programm durchzusetzen, lesen wir in der ersten Hälfte der Apostelgeschichte.

Das entscheidende Argument ist, daß „der Lappen vom Neuen nicht auf das Alte paßt". Das Wort „paßt" (englisch: „match") ist bezeichnend. Man verwendet es, um auszudrücken, wenn sich Steine in einem Gebäude an den Verbundstellen exakt einfügen, wenn Noten in einem Musikstück miteinander harmonieren und wenn, wie hier, Stoffe in Farbe und Beschaffenheit *übereinstimmen.* Der neue Flicken wird sich niemals harmonisch mit dem alten Kleid verbinden lassen, so daß er ein Teil davon wird. Er wird nie „hineinpassen”. In der Anfangszeit der Charismatischen Bewegung äußerte ich einmal gegenüber einem ihrer Leiter, der in vorderster Front stand, meine Zweifel, ob wohl all das, was Gott durch den Heiligen Geist geschenkt hatte, jemals in das Leben der historischen Kirchen *integriert* werden könnte. Es sei denn, diese Kirchen wären zu einer radikalen Reform bereit. Damals war er in dieser Sache voller Optimismus. Leider haben die folgenden Jahre gezeigt, daß sein Optimismus unbegründet war. Jesus hat mit seinen Worten, wie immer, recht behalten. Wir haben es hier mit dem Prinzip der Unvereinbarkeit auf geistlichem Gebiet zu tun.

Jetzt müssen wir aber aufhören zu verallgemeinern und statt dessen ins Detail gehen. Da die Gemeinde sich aus lebendigen Steinen zusammensetzt, sprechen wir im Zusammenhang mit neutestamentlichen Gemeinden nicht von Organisationen, sondern von Menschen. Prüfen wir den Aufbau der Ortsgemeinde am Maßstab der Schrift – und auf keinem Gebiet ist das so notwendig wie hier –, werden wir herausfinden, welche Art von Menschen diese Gemeinde bilden sollten. Nach der Bibel sind *alle* Glieder dieser Ortsgemeinde *Gläubige,* alle Gläubigen sind *Priester,* und alle haben einen *Dienst* auszuführen. Es ist keine Gesellschaft von Kirchenbankwärmern oder Mitläufern, sondern von *überzeugten Christen,* die fest miteinander verbunden und vereint sind.

Kaiser Konstantin hat, wie wir bereits gesehen haben, die Tür der Kirche zur Welt hin geöffnet. Im englischen Konversationslexikon „Encyclopaedia Britannica Micropaedia" steht unter „Kirche" die folgende bezeichnende Erklärung:

„Die Tatsache, daß viele Christen einen formalen Glauben haben und nicht handeln wie die Nachfolger Christi, ist seit dem vierten Jahrhundert zu beobachten, seitdem die Verfolgungen für die Kirche aufhörten. Um das zu begründen, stellte Augustin die Behauptung auf, die wahre Kirche sei unsichtbar, und Gott allein kenne sie."

Außerdem lehrte Augustin, daß die „sichtbare Kirche" auf Erden ein Gemisch sei und nicht nur aus wahren Gläubigen (Gliedern der „unsichtbaren Kirche") bestehe, sondern auch aus solchen, die lediglich dem Namen nach Christen oder gar Heuchler und dergleichen seien. Das nannte er die „vermischte Kirche".

In den ersten Jahren der Reformation erkannte Luther, daß dies eine Anpassung war und weit hinter dem Ideal zurückblieb. 1526 schrieb er:

„Die rechte Art evangelischer Ordnung kann nicht inmitten von Menschen aller Art entfaltet werden. Die aber ernstlich entschlossen sind, Christen zu sein und mit Hand und Mund das Evangelium bekennen, sollten sich unbedingt mit Namen einschreiben und gesondert in einem Haus treffen, um zu beten, zu lesen, zu taufen, die Sakramente zu nehmen und andere christliche Werke auszuüben. Bei einer solchen Ordnung wäre es möglich, die zu erkennen, die sich nicht christlich verhalten. Sie könnten gerügt, wieder zurechtgebracht oder ausgewiesen werden, gemäß der Vorschrift Jesu ... Aber ich kann eine solche Versammlung noch nicht anordnen oder aufbauen, weil ich nicht die richtigen Menschen dafür habe."

Ein Kirchenhistoriker, der diesen Abschnitt oben zitierte, kommentierte dazu:

„Luther wußte, daß die richtigen Menschen da waren, Menschen, die er als ,wahre, gottesfürchtige und heilige Kinder Gottes' beschreibt. Nach vielem Zögern kam er schließlich dazu, jeden Versuch, das in die Praxis umzusetzen, was er so vortrefflich darstellte, zu bekämpfen."

Der wahre Grund

Die Praxis der Kindertaufe und die vermischte Kirche gehen Hand in Hand. Die Väter der frühen Kirche führten diese Lehren nicht deshalb ein, weil sie sie in der Schrift gefunden hätten, sondern weil es zweckmäßig war, sich auf die veränderte Situation einzustellen. Geben Sie einer Gruppe von Neubekehrten ohne jede biblischen Vorkenntnisse ein Neues Testament in die Hand und bitten Sie sie herauszusuchen, was über die Taufe darin geschrieben steht. Wie viele würden wohl mit der Lehre der Kindertaufe kommen? Ähnlich verhielte es sich, wenn sie die Briefe an die Gemeinden durchgingen, um herauszufinden, wie Paulus die Gemeinden sah, an die er seine Briefe richtete. Wie viele würden wohl die Ansicht Calvins bestätigen, der annahm, die Mitläufer seien „ein sehr großes Gemisch von Heuchlern, die nichts von Christus haben als den Namen und die äußere Erscheinung".

Wenn die Taufe eine Einführung bedeutet, wenn sie „der Ritus des Eintritts in eine Gemeinde" ist, wird ein Säugling durch die Kindertaufe zwangsläufig Mitglied der Gemeinde. Die Folge davon ist, daß die örtliche Gemeinde immer auch nicht-wiedergeborene Mitglieder enthält. Und wenn aus dem Säugling ein Erwachsener geworden ist und er noch immer keine persönliche Entscheidung für Christus getroffen hat, gibt es kein „Enttaufungsverfahren" oder die Entfernung des Namens aus dem Mitgliederverzeichnis. Nimmt man die Praxis der Kindertaufe als richtig an, ist eine vermischte Gemeinde die unausbleibliche Folge. Im allgemeinen hat heute ein getauftes Glied einer Denomination durch seine Mitgliedschaft in der örtlichen Gemeinde dieser Denomination das Recht, für oder gegen eine Sache zu stimmen, die in der Gemeinde vorgebracht wird. Kein Geistlicher hat die Autorität – oder besser das Recht – ihn auszuschließen, selbst wenn er weiß, daß der Betreffende nicht wiedergeboren ist.

Gottes Norm ist, daß Kinder gläubiger Eltern durch deren Glauben geheiligt sind, bis sie das Alter erreicht haben, wo sie sich selbst entscheiden können. Sobald sie jedoch in der Lage sind, das Evangelium zu verstehen, müssen sie eine persönliche Entscheidung treffen, ehe sie Teil der Ortsgemeinde werden können.

Die Dinge klären

In letzter Zeit ist die Tendenz sichtbar geworden, „eine geistliche Elite von der sichtbaren Kirche abzurahmen, um eine reine Gemeinde zu schaffen". Die Verteidiger der „vermischten Kirche" haben diese Entwicklung angegriffen. Wenn mit der „geistlichen Elite" und der „reinen Gemeinde" eine Gemeinschaft von ausschließlich Wiedergeborenen gemeint ist, wie wir sie im Neuen Testament finden, will ich mich gern zu dieser Tendenz bekennen. Aber sehr oft will man mit den Angriffen zum Ausdruck bringen, daß jeder, der diese Ansicht vertritt, eine unmögliche Norm aufstellt. Wer dies für seine Gemeinde fordere, dem mangele es sowohl an Demut als auch an Wirklichkeitssinn. Wir möchten betonen: Es geht darum, daß niemand das Recht hat, Glied einer Gemeinde zu sein, wenn er nicht wiedergeboren ist. Wir verlangen nicht, daß eine hohe Norm von Geistlichkeit und Reife erreicht werden muß, ehe man dazugehören kann.

Calvin führte als Argument an, daß Paulus die Gemeinde in Korinth „als eine Kirche Christi und Gemeinschaft der Heiligen" bezeichnet habe, obwohl „fast die ganze Gemeinde mit zahlreichen Fehlern behaftet gewesen sei", die er ausführlich aufzählt. „Wenn dort die Gemeinde trotzdem bestehen blieb", folgert er, „Wer will es dann wagen, diesen Titel Menschen streitig zu machen, denen nicht ein Zehntel dieser Verbrechen zur Last gelegt werden kann?"

Erstens hat Paulus die Korinther nicht lediglich „eine Kirche" genannt. Er sagte, sie seien Gottes Bauwerk, Gottes Tempel und der Leib Christi (1. Kor. 3,9+16; 12,27). Das scheint jedoch nicht darauf hinzuweisen, daß er sie als ein Gemisch aus Geretteten und Verlorenen ansah. Noch bedeutsamer ist, daß er sie an ihre Wiedergeburt erinnert, als er ihnen, trotz ihrer vielen Fehler schrieb: „... aber ihr seid abgewaschen, ihr seid geheiligt, ihr seid gerechtfertigt worden in dem Namen unsres Herrn Jesus Christus und in dem Geist unseres Gottes!" (1. Kor. 6,11). Hätte Paulus jemals diese Worte an eine vermischte Gemeinde gerichtet, hätte er sich schwerer pastoraler Unverantwortlichkeit schuldig gemacht. Nein, sie waren echte Gläubige, trotz ihrer Fleischlichkeit. Paulus suchte sie zu einer geistlichen Erneuerung zu führen.

Das wichtigste Argument für eine Kirche der Vermischung gründet sich auf das Gleichnis Jesu von dem Unkraut im Weizen. Als die Knechte das Unkraut ausjäten wollten, lehnte der Besitzer ab, weil sie den Weizen mit dem Unkraut herausgerissen hätten. Die Ernte sei die Zeit der Scheidung. Glücklicherweise haben wir Jesu eigene Interpretation des Gleichnisses. Er sagte niemals: „Der Acker ist *die Kirche*", sondern er sagte: „Der Acker ist *die Welt*" (Matth. 13,38). Weltweit gesehen – und das ist das Charakteristische des Begriffes „Reich Gottes" in diesen Gleichnissen – können wir nicht immer unfehlbar unterscheiden, wer Unkraut ist und wer nicht. Aber die Schrift sagt niemals: „*Allein* der Herr kennt die Seinen", sondern einfach: „Der Herr kennt die Seinen" (2. Tim. 2,19). Und im allgemeinen sollten auch wir in der Lage sein, Menschen, die *für* Christus sind, von denen zu unterscheiden, die *gegen* ihn sind, zumindest in einer so engen Gemeinschaft wie in Gottes Volk. Sollte jemand Hirt einer Herde sein, wenn er nicht die Schafe von den Böcken unterscheiden kann?

Dies alles soll nicht bedeuten, daß wir die Mitgliederliste einer Gemeinde dem Buch des Lebens gleichsetzen, das das Lamm aufschlagen wird. Wir machen gelegentlich Fehler. Auch in der Urgemeinde kam das vor. Da gab es solche, die sich „eingeschlichen" hatten (Jud. 4), solche, die „ausgingen", weil sie nicht wirklich dazugehörten (1. Joh. 2,19), und solche, die sich nicht anzuschließen wagten, weil sie wußten, daß sie dann echte Christen sein mußten (Apg. 5,13). Aber all das bestätigt nur, was im Hinblick auf die Zusammensetzung der neutestamentlichen Gemeinde die Regel war.

Wir wollen zum Anfang zurückgehen, wie wir es bei den Betrachtungen über die Geistestaufe gemacht haben, und sehen, was der Gründer und das Haupt der Gemeinde uns in dieser Sache durch sein Wort sagen läßt. Seine Auffassung von der Gemeinde in ihrer universalen und lokalen Bedeutung finden wir andeutungsweise in zwei Aussagen. Die eine steht in Matthäus 16, die andere in Matthäus 18. Um das Thema Ortsgemeinde geht es in der Stelle, die von dem Bruder handelt, der gegen einen anderen sündigt. Der erste Schritt ist, ihn unter vier Augen zurechtzuweisen. Wenn er nicht hören will, sollte man einen oder zwei Brüder dazunehmen und ihn erneut zur Rede stellen. Will er auch nicht auf sie hören, so muß die Sache vor die Gemeinde gebracht werden. Und wenn er selbst dann nicht zur Einsicht kommt, soll Gemeindezucht durch die ganze Gemeinde geübt werden.

Daraus sollen wir lernen, wie hoch Jesus die Erhaltung der Gemeinschaft einschätzt und wie weit wir gehen müssen, um sie wiederherzustellen. Das setzt jedoch eine Beziehung zwischen den Gemeindegliedern voraus, die nicht existieren könnte, wenn nicht etliche wiedergeboren wären. Außerdem wäre es völlig unpassend und – was eigentlich keiner Erwähnung bedarf – undurchführbar, Ungläubige in die Ausübung der Gemeindezucht an einem Gläubigen mit einzubeziehen. Sie sollten ihren eigenen geistlichen Stand überprüfen. Paulus empfindet es als skandalös, daß Gläubige in der Gemeinde zu Korinth ihre Streitigkeiten vor ein weltliches Gericht brachten. Wie wir bereits ausführten, sah Luther zu Anfang sehr klar, daß nach Jesu Maßstäben nur wirklich bekehrte Menschen „getadelt, zurechtgebracht oder ausgeschlossen" werden können. Welch eine Tragik, daß er seine Erkenntnis nicht umgesetzt hat!

Die Frage nach der Struktur der Ortsgemeinde ist von weitreichender Bedeutung. Wir brauchen nicht weiter nach Gründen zu suchen, weshalb die Christenheit solch ein geistlicher Mischmasch ist. Ein Hauptgrund ist zweifellos die Tatsache, daß Männer, die nicht wiedergeboren und völlig ungeistlich sind, ja, die sogar die Grundlagen des Glaubens leugnen, lediglich aufgrund ihrer Fähigkeiten und Gelehrsamkeit, hohe kirchliche Ämter bekleiden können. Sie wären in neutestamentlicher Zeit niemals qualifiziert gewesen, auch nur Glied einer Gemeinde zu sein.

In unserer Untersuchung der neutestamentlichen Gemeindestruktur finden wir, daß nicht nur jedes Glied ein Gläubiger ist, sondern auch jeder Gläubige ein Priester.

Der große Wechsel

Es besteht allgemein Einigkeit darüber, daß die neutestamentliche Gemeinde durch die Synagoge vorgebildet war und nicht durch den Tempel (Jak. 2,2). Die Entwicklung des Synagogengottesdienstes nach Israels Rückkehr aus der Gefangenschaft war einer der Wege Gottes, die zukünftige Gemeinde für den ungeheuren Sprung aus dem Judentum in das Christentum vorzubereiten. Die Institution der Synagogen war flexibel genug, um Spielraum zu großen Abweichungen in Bekenntnis und Ausübung des Glaubens zu bieten. Der Tempel mit seinen festen Formen und Zeremonien war für das Evangelium viel weniger „anfällig" als die Synagoge. Es ist bezeichnend, daß die erste Bedrohung für das Leben der neuen Gemeinden von eifrigen Juden kam, die die Christen zum Judentum bekehren wollten und eine Mischung von Gesetz und Gnade vorschlugen. Die Galater und Hebräer werden besonders auf diese Abweichung vom Evangelium hin angesprochen. Als die Kirche in den ersten Jahrhunderten zu einer Institution wurde, war das nichts anderes als der Judaismus in einer anderen Gestalt.

Wenn wir das Bild der Urgemeinde, wie im Neuen Testament beschrieben, hinter uns lassen und einen Sprung in die Geschichte der folgenden Jahrhunderte tun, fällt uns sofort auf, daß ein schwerwiegender Wechsel stattgefunden hat. Wie kam es zur Entwicklung einer Priesterkaste mit besonderen Gewändern und besonderen Titeln? Wie kam es dazu, daß Gottesdienste heute in geweihten Gebäuden stattfinden mit festgelegten Formen, Riten und Zeremonien und zahlreichen anderen kirchlichen Neuerungen? Fest steht, daß nichts dergleichen im Neuen Testament zu finden ist. Kaum eine Anregung ging von der Synagoge aus. Die Quelle der Inspiration war der Tempeldienst des Alten Testaments. Nur hier finden wir Priesterkaste, priesterliche Kleidung, priesterliche Riten und Zeremonien und die Benutzung geweihter Gebäude.

Die alte Gesetzlichkeit hat ihr Hauptthema aus neutestamentlicher Zeit, die Beschneidung, fallengelassen. Sie war gut für die Juden, aber nicht für die Heiden. Doch dieselbe Gesetzlichkeit beraubte die Gemeinde ihrer gottgeschenkten Freiheit. Es war ein Meisterstück des Teufels, die neutestamentliche Gemeinde, die Gott zu einer freien, kraftvollen Gemeinschaft bestimmt hatte, in die alttestamentliche Zwangsjacke zu stecken.

Wir wundern uns vielleicht darüber, daß es überhaupt zu einem solchen Wechsel kommen konnte. Er vollzog sich langsam im Zusammenhang mit dem Rückgang geistlichen Lebens und zu einer Zeit, als es nur noch Vereinzelte gab, die „vor Gottes Wort zitterten". Später wurde die „Entwicklungstheorie" aufgestellt, die Leben und Dienst der Gemeinde, wie sie zur Zeit der Apostel aussahen und wie wir sie in der Schrift beschrieben finden, als „primitiv", „provisorisch" oder „unentwickelt" bezeichnete. Da die Kirche den Kinderschuhen entwachsen sei, müsse man zu Fortschritt und Neuerungen bereit sein. Damit wurde die Abweichung von den Grundsätzen des Neuen Testaments auf der ganzen Linie gerechtfertigt. Man darf jedoch nicht vergessen, daß es nicht ein Fortschreiten zu größerer Einfachheit, Beweglichkeit und Freiheit war, nach der Norm des Neuen Testaments, sondern die Rückkehr zur Starrheit des alttestamentlichen Systems.

Die große Scheidung

Als die schlimmste und folgenschwerste Entwicklung auf lange Sicht erwies sich der Rückgriff auf die Priesterkaste des Alten Testaments. Er brachte eine einschneidende Trennung zwischen den Priestern und dem Volk. Die Herde Gottes wurde aufgeteilt in Geistliche und Laien. Die Mehrheit jeder Gemeinde wurde somit an die Kette der Unwissenheit, Passivität und des Unbeteiligtseins gelegt. Alle priesterlichen Funktionen blieben den „Fachleuten" vorbehalten. Schließlich wurden sie ja für ihren Beruf bezahlt.

An keiner Stelle des Neuen Testaments wird für einen Leiter oder einen Verantwortlichen der Gemeinde der Begriff „Priester" gebraucht. Die Botschaft des Hebräerbriefes ist klar und unmißverständlich. Wenn unser großer Hoherpriester „ein einziges Opfer für die

Sünden dargebracht hat" (Hebr. 10,12), ist damit das alttestamentliche Priestertum endgültig abgeschlossen. Jeder Gläubige ist jetzt als Priester eingesetzt und hat das Recht, geistliche Opfer im Hause Gottes darzubringen. Es trifft deshalb nicht genau zu, wenn man sagt, es gebe keine Priester mehr, die Opfer darbringen. Es ist eher so, daß die Art des Opfers sich geändert hat. Wir opfern keine *Sündopfer* mehr. Wenn die Messe der römisch-katholischen Kirche den Anspruch erhebt, das Opfer des Leibes und Blutes Christi darzustellen, müssen wir diesen Anspruch entschieden ablehnen. Sie wirft lediglich ein schlechtes Licht auf dieses eine vollkommene Opfer, als wäre es nicht ausreichend. Was wir opfern, sind Lobpreis, Gebet und Anbetung, und das wird „geistliche Opfer" genannt.

Die völlig unbiblische Unterscheidung zwischen Klerus und Laien wird jetzt offen zugegeben, sogar innerhalb der Staatskirche. Die Lehre vom „Priestertum aller Gläubigen" ist lange Zeit ein Glaubensgrundsatz gewesen, zumindest unter den Evangelikalen. Mehr und mehr Gemeindeleiter beziehen ihre Gemeindeglieder in die verschiedenen Dienste mit ein. Trotz alledem bleibt die Trennung zwischen Geistlichkeit und Laien bestehen und erweist sich als Hemmnis für das Gemeindeleben. Die volle Kraft des Leibes Christi wird sich niemals völlig frei entfalten, solange diese unglückselige Trennung nicht aufgehoben wird. Das aber wird wohl nicht geschehen, solange die Geistlichen, die zugeben, daß die Sache falsch ist, ihr Amt, ihre klerikalen Titel und ihre kirchlichen Gewänder beibehalten. Man kann lange erklären, die Trennung sei unbiblisch, ernstgenommen wird man erst, wenn man sich von der Institution löst, die nicht ohne die Trennung in Geistliche und Laien existieren kann. Es kostet ohne Zweifel viel, radikal zu sein.

Sobald die Unterscheidung zwischen Klerus und Laien aufgehoben ist, ändert sich auch die Auffassung vom Dienst in der Gemeinde. Er ist nicht mehr das gesetzlich geschützte Recht der wenigen, sondern wird zu einem Privileg aller. Das will selbstverständlich nicht heißen, jeder würde sich zum Leiter eignen oder alle hätten die gleichen Aufgaben. Einige sind noch immer vom Haupt der Gemeinde, Jesus Christus, zu einem besonderen Dienst berufen. Sie sollten entsprechend der Schrift unter Handauflegung zu diesem Dienst eingesegnet werden von solchen, die die geistlichen Voraussetzungen dazu mitbringen. Diese „Amtshandlung" ist jedoch weit entfernt von dem, was unter dem Namen „Ordination" läuft.

Unglücklicherweise sind die Begriffe „Geistlicher" und „geistlicher Dienst" verschleiert durch deren Verwendung in der Kirche. Sie beinhalten darum für uns etwas völlig anderes als das, was die Schrift darunter versteht. Unter dem Begriff „Geistlicher" stellt man sich immer noch jemand vor, der sich durch seine andersartige Kleidung als ein Mann mit besonderer Ausbildung und Fähigkeiten auszeichnet, um das zu tun, was gewöhnliche Sterbliche nicht tun können. Er alleine kann in der Kirche den „Dienst verrichten". Deshalb wäre es zu begrüßen, wenn Begriffe wie „Geistlicher" oder „geistliches Amt" aus unserem Vokabular gestrichen und durch „Diener" bzw. „Dienst" ersetzt würden. Das ist nämlich die ursprüngliche Bedeutung. Sie gelten für *alle* Gläubigen, nicht nur für die Gemeindeleitung.

Es muß Gott wehtun, wenn er sieht, daß die Gaben, die er seiner Gemeinde in reichem Maß verliehen hat, in der Gemeinde, wohin sie in erster Linie gehören, nicht ausgeübt werden können. Die Konsequenz war häufig, daß Männer und Frauen, die geistliche Gaben hatten, diese außerhalb der Gemeinde einzusetzen suchten. Dadurch wurde jedoch die Gemeinde noch ärmer. Dies wiederum führte zur Vermehrung außerkirchlicher Organisationen, von denen die meisten nicht nötig gewesen wären, hätte die Kirche bzw. Gemeinde richtig funktioniert. Gott hat die Gemeinde zum Bau seines Reiches bestimmt. Sie ist, wenn sie nach biblischen Grundsätzen aufgebaut und mit dem Heiligen Geist ausgerüstet ist, das beste und wirksamste Werkzeug dafür. Die Lösung der anstehenden Probleme ist heutzutage nicht in „Ersatz"-gruppen außerhalb der Gemeinden zu suchen, sondern in geisterfüllten, wiederhergestellten Gemeinden. Ich wiederhole: Es ist töricht, klüger sein zu wollen als Gott.

Genau wie in einem menschlichen Körper jedes Organ seine Funktion hat und diese Funktion dem ganzen Körper dient, so ist es auch mit dem geistlichen Leib. Jedes Glied an diesem Leib, sogar das jüngste und schwächste, hat einen unentbehrlichen, wichtigen Beitrag zu leisten. „Vielmehr sind gerade die scheinbar schwächeren Glieder des Leibes notwendig, und die wir für weniger ehrbar am Leibe halten, die umgeben wir mit desto größerer Ehre" (1. Kor. 12,22-23). Der Faktor, der darüber entscheidet, welche Art Beitrag oder Dienst jeder zu leisten hat, ist der Heilige Geist und die Gaben des Geistes. Wie die Schrift davon ausgeht, daß jedes Gemeindeglied bekehrt und getauft ist, so auch, daß es Gaben besitzt. „*Einem jeglichen* aber wird die Offenbarung des Geistes zum allgemeinen Nutzen verliehen" (1. Kor. 12,7). Wie Howard Snyder es ausdrückte: „Nach der Schrift ist die Gemeinde ein charismatischer Organismus, nicht eine institutionelle Organisation." Wir haben gesehen, wie die Kirchengeschichte diese Aussage in einer negativen Weise bestätigt. Als sich der Heilige Geist zurückzog, trat eine Institution an seine Stelle, damit die Organisation nicht zusammenbrach.

Vision und Passion des Apostels Paulus war die Reife der Gemeinde als Ganzes, damit sie der „vollkommene Mann" werde und „zum Maß der vollen Größe Christi" gelänge und „sich selbst in Liebe auferbaue". Aber das ist nur möglich, *wenn jedes Glied in der richtigen Weise mitwirkt* (Eph. 4,13-16). Eine solche Auffassung von einem funktionierenden Leib läßt keinen Raum für Drückeberger, „stille Teilhaber" und Reservisten. Das setzt nicht nur voraus, daß jedes Glied göttliches Leben besitzt, sondern auch, daß es sich vollkommen diesem Leib, zu dem es gehört, verpflichtet weiß.

Kein doppeltes Maß

Die Glieder der Urgemeinde waren keine Christen, die in der Randzone angesiedelt waren, halb drin, halb draußen. Ihre Errettung schloß die Hingabe an Christus ein, und das Maß dieser Hingabe drückte sich in dem Leben der Gemeinde aus. In der Gemeinde, zu der ich jetzt gehöre, nehmen wir nicht jeden angeblich Gläubigen, der sich um Mitgliedschaft bewirbt, auf. Eine Ehe ist eine auf Gegenseitigkeit beruhende Bindung. So auch die Gemeinde. Aus diesem Grund ist, außer im Fall von Neubekehrten, eine Bewerbungszeit nötig.

Wenn ein Gläubiger aus geistlich unklaren Verhältnissen, etwa aus der Vermischung, kommt, muß er lernen, was von ihm als Glied erwartet wird und was er von dieser Ortsgemeinde und ihren Leitern erwarten kann.

Jesus lehrte, daß unsere Hingabe an ihn nicht halbherzig sein darf. Das bedeutet, sich selbst zu verleugnen, das Kreuz auf sich zu nehmen und ihm zu folgen. Aber ebenso eindeutig ist die Schrift darin, daß sich unser Verhältnis zu Jesus Christus in unserem Verhältnis zu seiner Gemeinde widerspiegelt (Matth. 25,40+45). Unsere Einstellung zum Haupt wird unsere Einstellung zu seinem Leib bestimmen. Man kann nicht mit ganzem Herzen an Jesus hängen und nur mit halbem Herzen an seine Gemeinde. Wer zu ihr gehört, sollte ihr total verpflichtet sein.

Wenn die Schafe kein Verständnis dafür haben, was es bedeutet, zur Herde zu gehören, ist eine richtige Führung der Herde unmöglich. Ein Hirte muß wissen, welche Schafe zu seiner Herde gehören, um sie von den umherstreifenden Tieren zu unterscheiden, die nur kommen, um ein wenig von der Weide zu kosten. Wenn der Hirte einer Gemeinde unsicher ist, ob ein Mensch wirklich zur Herde gehört und bereit ist, sich seiner Fürsorge und Führung unterzuordnen, wie kann er dann ermahnen und korrigieren, falls das nötig wird? Wo die Verpflichtung vage ist, wird die Beziehung lose sein. Die Folge: Der ganze Bau ist brüchig.

Das Senkblei

Ein Architekt und ein Bauherr sehen sich prüfend ein altes Gebäude an, als sie bemerken, daß eine Wand, verglichen mit der angrenzenden, schief ist. „Ich nehme an, die eine ist von einem Amateur, die andere von einem Fachmann gebaut worden", bemerkt der Architekt.

„Ich würde sagen, beide sind von einem Fachmann errichtet worden", erwidert der Bauherr, „aber ein Maurer hat ein Senkblei benutzt und der andere hat sich auf sein Augenmaß verlassen."

Wenn wir heute das alte Gebäude, das sich selbst als „Kirche" bezeichnet, einer Prüfung unterziehen, ist offensichtlich, daß es im Laufe der Jahrhunderte unter den Händen vieler Fachleute gelitten hat, die „nach dem Augenmaß" gearbeitet, ihr Werk aber nicht mit einem Senkblei geprüft haben.

An einem kritischen Punkt in der Geschichte Israels gab Gott dem Volk eine ernste Warnung vor einem drohenden Gericht. Amos wurde eine Vision zuteil. Er sah den Herrn vor einer Wand stehen mit einem Senkblei in der Hand, und die Botschaft lautete: „Siehe, ich ziehe ein Senkblei mitten durch mein Volk Israel hindurch und werde nicht weiter Nachsicht mit ihm üben" (Amos 7,7-8). Obwohl sich dieses Kapitel in erster Linie auf Gemeindeleiter beziehen mag, müssen wir alle wissen, daß Gott das Senkblei seines Wortes nicht allein an unser persönliches Leben hält, sondern auch an das geistliche Haus, von dem wir ein Teil sind.

Es ist gut, sich einmal zu überlegen, wie es um unsere Ortsgemeinde bestellt ist. Ist sie wirklich eine Gemeinschaft von Menschen Gottes, wie es in den Gemeinden des Neuen Testaments der Fall war? Oder ist sie ein Sammelsurium? Üben Männer und Frauen ihre Funktion als Priester aus, indem sie geistliche Opfer in der Versammlung darbringen? Oder ist der Gottesdienst eher eine Ein-Mann-Vorstellung? Wird jeder Gläubige ermutigt, seine Aufgaben herauszufinden, und ist Raum da, sie auszuführen? Oder ist dies das Privileg einiger

Bevorzugter? Kurzum, ist Ihre Gemeinde ein Leib von Menschen, die dem Herrn wirklich hingegeben sind, wobei jeder seine besondere Rolle spielt? Oder schleppt man viele geistliche Drückeberger mit? Die Zeit für eine radikale Prüfung ist gekommen.

CHRISTUS UND DIE TRADITION

Wie kommt es, daß überzeugte Christen, die sich der Autorität der Schrift in bezug auf ihr persönliches Leben beugen, oft große Schwierigkeiten haben, sich der gleichen Regel zu unterwerfen, wenn es um ihr Gemeindeleben geht? Es mag nebensächliche Antworten geben, aber die eigentliche Antwort lautet: Tradition. Die Tradition ist stark, weil sie nicht zu trennen ist von jenem durch das geistliche Establishment aus Granit errichtetem Gebäude. Genaugenommen bedeutet Establishment die Staatskirche, das kirchliche, im Gesetz verankerte System. Ich benutze diesen Begriff in einem weiteren Sinn und wende ihn auf jedes kirchliche System an, ganz gleich, ob alt oder modern, das eine Art Gleichförmigkeit unter den angeschlossenen Gemeinden bewirkt, die wir in den Gemeinden des Neuen Testamentes nicht finden.

Es ist nicht allein das ehrwürdige Alter, das zur Tradition führt. Es ist eine Haltung. Gemeinden, deren Geschichte sich nicht einmal über ein Jahrhundert erstreckt, können ihre eigenen Traditionen haben, an denen sie ebenso starr festhalten wie die historischen Kirchen. „Tradition oder Schrift?" lautet die kritische Frage in der Konfrontation unseres Herrn mit den religiösen Führern seiner Zeit. Auch in der protestantischen Reformation ging es um diese Frage. Auch heute noch geht es darum. Doch bevor wir untersuchen, was unser

Herr darüber zu sagen hat, wollen wir sein Verhältnis zu den religiösen Führern seiner Zeit betrachten.

Gehaßt ohne Grund

Jesus war alles andere als ein Aufrührer oder schreiender Revolutionär. Eine Prophezeiung über ihn lautete: „Er wird nicht schreien und kein Aufhebens machen, noch seine Stimme auf den Gassen hören lassen" (Jes. 42,2; Matth. 12,19). Er war kein zorngeladener Mann; er grollte nicht wegen des Unrechts, das man ihm getan hatte, entschlossen, es ihnen heimzuzahlen, indem er die alte Ordnung umstürzte. Gott hatte dafür gesorgt, daß er eine orthodoxe Erziehung erhielt. Er wurde unter dem Gesetz geboren, am achten Tage beschnitten, als Säugling im Tempel dargebracht und als Junge nach Jerusalem zum Passahfest mitgenommen.

Mit dreißig Jahren ging er noch regelmäßig zur Synagoge. Zu Beginn seines Dienstes machte der deutlich, daß er nicht gekommen sei, das Gesetz und die Propheten aufzuheben, sondern zu erfüllen. Einen gereinigten Aussätzigen wies er an, sich dem Priester zu zeigen und die Opfer darzubringen, die Mose befohlen hatte. Nach Jesu Aussage sollte man den Schriftgelehrten gehorchen, außer in ihrer Heuchelei (Matth. 23,3). Trotzdem kam es zu einem Bruch zwischen Jesus und der religiösen Obrigkeit seiner Zeit, der sich nahezu vom Beginn seiner Wirksamkeit an von Woche zu Woche verstärkte.

Selbst wenn er diesen Personenkreis nie kritisiert hätte, war doch Jesu ganze Persönlichkeit darauf angelegt, diese Leute zu seinen Gegnern zu machen. Sein Lebensstil war geprägt von einer Freude und Freiheit, die ihre religiöse Askese verletzte. Seine Einstellung zum

Essen und Trinken fanden sie völlig unpassend für einen Rabbi. Deshalb titulierten sie ihn als „Fresser und Weinsäufer". Und erst die Gesellschaft, in der er verkehrte! Wie konnte jemand von Gott sein und mit Zöllnern und anderen zwielichtigen Gestalten Umgang pflegen!

Er erlaubte doch tatsächlich einem Straßenmädchen, seine Füße mit ihren Tränen zu waschen und sie mit Küssen zu bedecken! Am bedauerlichsten von allem war die Begebenheit, als sie eine Frau vor ihn brachten, die man im Ehebruch ertappt hatte. Das Gesetz bestimmte, daß sie gesteinigt werden müsse, aber Jesus entließ sie mit der einfachen Warnung, es nicht wieder zu tun! Sein Radikalismus drückte sich in Gnade aus, wo er echte Buße feststellte.

Ein eindrucksvoller Gegensatz

Zwischen der Autorität, mit der Jesus lehrte, zusammen mit den mächtigen Taten, die er vollbrachte, und der sterilen Religion der Schriftgelehrten und Pharisäer bestand ein eindrucksvoller Gegensatz. Die positive Reaktion der Menschen ihm gegenüber trug nicht dazu bei, den Graben zuzuschütten. Nach einer Heilung in der Synagoge lesen wir: „Alle seine Widersacher wurden beschämt; und alles Volk freute sich über alle die herrlichen Taten, die durch ihn geschahen" (Luk. 18,17). Wo immer er war, scharten sich die Menschen um ihn. Sie hingen an seinen Lippen, und die Wunder, die er vollbrachte, waren jedesmal „Stadtgespräch".

Als sein Dienst sich seinem Ende näherte, als die Opposition gegen ihn ihren Höhepunkt erreichte, versuchten seine Feinde wiederholt, ihn in seinen eigenen Aussagen zu fangen und ihn mit ihren Fragen zu Fall zu bringen. Aber hier war der wunde Punkt. Obwohl sie ihn als ungebildet verachteten, zeigte er sich in jeder Debatte überlegen und brachte sie immer wieder zum Schweigen, bis sie nicht mehr wagten, ihm überhaupt noch eine Frage zu stellen.

Ist es da ein Wunder, daß diese religiösen Führer, bar aller göttlichen Gnade, von Neid und Haß erfüllt wurden und nicht ruhen konnten, bis sie ihn aus dem Weg geschafft hatten?

Der provozierende Prediger

Es besteht kein Zweifel, daß Jesus seine Zuhörer oft absichtlich herausforderte. Er sagte zu dem Volk mit den strengsten Speisegeboten im Zusammenhang mit Blut und Fleisch: „Wenn ihr nicht das Fleisch des Menschensohnes esset und sein Blut trinket, so habt ihr kein Leben in euch" (Joh. 6,53). Die Folge davon war, daß viele, die sich als seine Jünger bekannten, sich zurückzogen. Im Tempelbezirk, vor dem größten Heiligtum des Volkes, verkündete er kühn: „Brechet diesen Tempel ab, und in drei Tagen will ich ihn aufrichten" (Joh. 2,19). Und er fügte nicht hinzu, daß sich diese Aussage auf seinen Leib bezog.

Wenn sich Jesus nur nie in Auseinandersetzungen eingelassen hätte! Wenn er nur damit zufrieden gewesen wäre, zu leben und leben zu lassen! Warum konnte er sich nicht auf die positive Botschaft, die er zu verkündigen hatte, konzentrieren? Warum unterließ er nicht diese Ausbrüche gegen „fromme Männer, die eben anders dachten und handelten als er? Aus dem einfachen Grund, weil er radikal war und wußte, daß er berufen war, ihre „Frömmigkeit" zu entlarven. Stellen Sie sich einen ordinierten Prediger vor, der seine Predigt mit einer Schimpfkanonade gegen die Hierarchie seiner Denomination beschließt: „Ihr Schlangen! Ihr Otterngezüchte! Wie wollt ihr dem Gerichte der Hölle entgehen?” (Matth. 11,28).

Es gab so vieles, was Jesus über diese Führer zu sagen und zu richten hatte. Er warnte seine Jünger öffentlich vor ihrem Stolz, ihrer Habgier und religiösen Prahlerei (Luk. 20,45-47). Er riet ihnen, sich vor dem Sauerteig der Pharisäer (gemeint ist ihre Lehre und ihr Einfluß) zu hüten. Das sei nur Heuchelei (Luk. 12,1). Vom Beginn seines Dienstes an erklärte er öffentlich, wenn ihre Gerechtigkeit nicht besser sei als die der Pharisäer und Schriftgelehrten, würden sie niemals ins Himmelreich kommen. Er hatte die Kühnheit, „ohne Erlaubnis” zu predigen, selbst innerhalb des heiligen Tempelbezirks. Genau an dieser Stelle, Auge in Auge mit den Hohenpriestern und Ältesten, sagte er ihnen, daß die Zöllner und Prostituierten eher ins Reich Gottes kommen würden als sie (Matth. 21,31). Niemand wäre auf die Idee gekommen, damit verfolge Jesus die Absicht, die Spitze der Denominationsleiter zu erreichen!

Die Tradition der Ältesten

Wer die Aussagen der Bibel über die Gemeinde untersucht, wird recht schnell auf das Problem menschlicher Tradition stoßen. Deshalb ist es hilfreich, zunächst zu prüfen, was Jesus über die Tradition seiner Zeit zu sagen hat. Dabei stellen wir fest, daß die Theologen seiner Zeit ihm und seinen Jüngern gegenüber äußerst kritisch eingestellt waren, weil sie vor dem Essen das Zeremoniell der Waschungen, das die Schriftgelehrten und Pharisäer festgelegt hatten, nicht beachteten. Außerdem hielten sie sich nicht an die starre und gesetzliche Auslegung des Sabbatgesetzes.

Im Neuen Testament hat das Wort „Tradition" oder „Überlieferung" zwei unterschiedliche Bedeutungen. Zum einen weist es auf die apostolische Überlieferung hin, die die Gemeinden wahren sollten (1. Kor. 11,2). Das wirft keine Probleme auf, denn die apostolische Überlieferung wird der Schrift gleichgesetzt. Aber in den meisten Fällen, und natürlich bei jedem Anlaß, wo Jesus dieses Wort gebrauchte, bezieht es sich auf die Traditionen der Menschen. Es waren Lehren, die dem Wort Gottes hinzugefügt und den folgenden Generationen überliefert und befohlen worden waren.

In diesem Sinn bezieht sich „Tradition" heute manchmal auf biblische Auslegungen oder historische Glaubensbekenntnisse, die bestimmten wichtigen Lehren eine starre Form gegeben haben. Diese Formen müssen immer an der Schrift geprüft werden, denn sie haben keine Autorität für den Gläubigen, es sei denn, daß sie wirklich das ausdrücken und erhellen, was die Bibel tatsächlich lehrt. Trotzdem gilt nicht diesen Traditionen unsere Hauptsorge, sondern den Ritualen und Regeln der Kirchenordnung, der geistlichen Ämter und Dienste, die sich nicht auf die Schrift gründen. Häufig genug lautet die einzige Rechtfertigung, die vorgebracht wird, um bestimmte Handlungen zu begründen: „Das ist die Tradition unserer Kirche."

Welche Einstellung sollen wir zur Tradition haben?

Jeder verantwortliche Christ sollte von seiner persönlichen Ansicht überzeugt sein. Räumen wir der Tradition einen gleichbedeutenden, einen untergeordneten oder gar keinen Platz ein? Für die Pharisäer und Schriftgelehrten, nicht aber für die Sadduzäer, waren die Traditionen ebenso wichtig wie die Schrift selbst. Sie glaubten, daß sie von Mose selbst stammten und mündlich überliefert worden seien. Katholiken glauben, daß ihre Traditionen aus der Zeit der Apostel überliefert worden seien und darum Autorität besäßen.

„Die römisch-katholische Kirche erkennt die Bibel als das Wort Gottes und die Tradition als das Wort der Kirche an. Das Konzil zu Trient bestätigte, daß der Glaube in den Schriften und den ungeschriebenen (außerbiblischen) Traditionen erhalten geblieben sei und daß die katholische Kirche beide mit der gleichen Hingabe und Verehrung akzeptiert", schreibt die Encyclopaedia Britannica.

Auf dieser Grundlage werden bestimmte katholische Dogmen gerechtfertigt, wie die „unbefleckte Empfängnis" und die „Himmelfahrt der Maria", die von der Bibel her nicht haltbar sind.

Viele evangelische Christen, die keine Sympathie für die römisch-katholische Einstellung haben, räumen der Tradition einen untergeordneten Platz ein. John Stott vertritt die Ansicht, daß die Lehre unseres Herrn drei wichtige Grundsätze beinhalte:

1. Die Schrift ist göttlich, die Tradition menschlich.
2. Die Schrift ist Hauptsache, die Tradition Nebensache.
3. Die Schrift ist verbindlich, Tradition unverbindlich.

Was die Waschungen der Gefäße und Hände betrifft, auf die die Pharisäer so viel Wert legten, sagt er, daß es vom hygienischen Standpunkt aus eine ganz gute Idee und als Zeremonie „ziemlich harmlos" gewesen sei. Falsch an der Sache sei nur gewesen, daß die Pharisäer sie zu einer Pflichtübung erhoben hätten. Außerdem erklärt er:

„Da Jesus seine Jünger weder entschuldigte noch zurechtwies, als sie die rituellen Traditionen der Pharisäer mißachteten, ergibt sich daraus zumindest eine gleichgültige Haltung gegenüber dem Traditionalismus."

Angesichts der verschiedenen und oft widersprüchlichen Traditionen, die das kirchliche Bild bestimmen, ist es wichtig, die Tatsachen zu prüfen.

Gibt es überhaupt unverbindliche Traditionen?

Zunächst müssen wir klären, ob „notwendig" in bezug auf Traditionen gleichbedeutend ist mit „heilsnotwendig". Es ist wohl nicht anzunehmen, daß die Pharisäer lehrten, ihre Traditionen seien heilsnotwendig, denn sie scheinen überhaupt keine klare Lehre über die Erlösung gehabt zu haben.

Betrachten Sie die kirchlichen Regeln: Man hat die Lehre vertreten, Traditionen seien notwendig, um Ordnung und Disziplin in der Kirche aufrechtzuerhalten. Keine der Regeln basiert auf Freiwilligkeit. Sie wurden aufgestellt, um befolgt zu werden. In den meisten Kirchen sind nichtordinierte Brüder gewöhnlich nicht befugt, zu taufen oder das Abendmahl auszuteilen. Das ist nicht Wort Gottes, sondern Tradition. Trotzdem kämen weder Geistliche noch Gemeindeglieder auf den Gedanken, diese Amtshandlungen seien jedem freigestellt. Beim Abendmahl in der anglikanischen Kirche, ähnlich in der römisch-katholischen und auch der lutherischen Kirche, hat der Priester nicht einmal die Freiheit, auf das Gebetbuch (oder das Gesangbuch) zu verzichten und statt dessen eine nichtliturgische Einleitung zu wählen. Wenn er es trotzdem tut, wird sich die Tradition sehr bald bemerkbar machen.

War Jesus gleichgültig?

Stimmt es, daß Jesus seine Jünger weder entschuldigte noch zurechtwies, als sie die Tradition des pharisäischen Rituals durchbrachen? War es ihm wirklich gleichgültig? Nehmen wir den Vorfall, auf den bereits Bezug genommen wurde: Die Pharisäer stellten Jesus zur Rede, weil er seinen Jüngern erlaubte, mit ungewaschenen Händen zu essen (Mk. 7,1-13). Weit davon entfernt, dies als eine Nebensächlichkeit abzutun, gab Jesus ihnen deutlich zu verstehen, daß ihre Traditionen Gottes Wort unwirksam machten. Er griff das Gebot, Vater und Mutter zu ehren, auf: „Mose sagte ... ihr aber sagt" etwas ganz anderes. Die Folge davon ist, daß es dem Menschen nicht gestattet ist, Gottes Gebot zu gehorchen. Damit deutete er an, daß das Ritual ihrer Waschungen in die gleiche Kategorie gehörte.

Auch machte Jesus ihnen klar, daß ihr Händewaschen auf einem völligen Mißverständnis sowohl der Verunreinigung als auch der Reinigung beruhe. Das Essen mit ungewaschenen Händen verunreinige nicht, und das Händewaschen werde ihnen keine innere Reinigung sichern. Nicht die Nahrung, die ein Mensch zu sich nehme, verunreinige ihn, sondern das, was aus ihm herauskomme an Gedanken, Worten und Taten. Folglich stellte diese „harmlose" Zeremonie eine Unwahrhaftigkeit dar und sie zu lehren eine Lüge.

Wenn Jesus seine Jünger getadelt hätte, weil sie mit ungewaschenen Händen aßen, hätte er ihnen damit den Vorwurf gemacht, daß sie seinem Beispiel folgten, denn er wusch sich ja auch nicht die Hände, als er bei einem Pharisäer zum Essen eingeladen war (Luk. 11,37-44). Die Höflichkeit hätte ihn, wäre er neutral gewesen, verpflichtet, sich dem allgemeinen Brauch anzuschließen.

Seine Haltung drückte tatsächlich die vorsätzliche Nichtbeachtung aus. In einem Raum, in dem Dutzende von Schriftgelehrten und Pharisäer anwesend waren, muß das unangenehm aufgefallen sein. Wie sehr sich Jesus über diese und andere Traditionen erregt haben muß, geht aus seiner anschließenden Äußerung hervor.

Er hätte es ohne weiteres diesen religiösen Führern überlassen können, ihre eigenen Schlüsse daraus zu ziehen, daß er ihre Traditionen nicht beachtet hatte. Die Tatsache, daß er bei einem Pharisäer zu Gast war, hätte ihm auch den Mund verschließen können. Aber das wäre nicht die Reaktion eines Radikalen gewesen. Ohne weitere Umstände ging er zu einem Großangriff auf die offenkundige Heuchelei und Falschheit über, die er vor sich sah: „Nun, ihr Pharisäer, ihr reinigt die Außenseite des Bechers und der Schüssel, euer Inneres aber ist voll Raub und Bosheit." Und das war nur die erste Salve. Danach stieß er drei Wehrufe über die Pharisäer aus, und als ein Lehrer des Gesetzes einwandte, daß er und seine Genossen auch davon betroffen seien, bekam auch er eine Salve ab. Wenn die Gäste überhaupt etwas gegessen haben, müssen sie bestimmt Magenbeschwerden bekommen haben!

Die Sabbat-Tradition

Wenn es um den Sabbat ging, war die Haltung Jesu nicht anders. Er hielt das Sabbatgesetz, aber er ignorierte alle Traditionen, die die Pharisäer dem Gesetz hinzugefügt hatten. Diese seine Einstellung war eine beständige Quelle des Ärgers. Wieder einmal aß er im Hause eines Pharisäers, und sie brachten einen Mann, der an Wassersucht litt, zu ihm, um zu sehen, was er tun würde. Als sie sich weigerten, seine Frage zu beantworten, ob es nach dem Gesetz gestattet sei zu heilen oder nicht, nahm er sich jedenfalls des Mannes an und heilte ihn.

Die Pharisäer sahen das Ährenausraufen und das Herausreiben der Körner als eine Miniaturform von Getreideernte und Dreschen an und hielten es daher am Sabbat für gesetzwidrig. Jesus wird das gewußt haben und hätte seinen Jüngern raten können, die Pharisäer nicht unnötig herauszufordern. Das unterließ er nicht nur, sondern als sie ihn darauf ansprachen, nahm er auf die Schrift Bezug, um ihnen zu zeigen, wie falsch ihre Grundhaltung im Hinblick auf die Beachtung des Sabbatgesetzes war.

Ebenso verhielt es sich, als man in der Synagoge den Mann mit der verdorrten Hand vor ihn brachte. Jesus wußte, daß er beobachtet wurde. Er hätte dem Kranken zuflüstern können: „Komm morgen früh zu mir, dann werde ich dich heilen." Aber für Jesus war dies keine Situation, die Takt und Diplomatie erfordert hätte. Ihre Traditionen waren Ausdruck einer unechten Geistlichkeit, der er entgegentrat und die er bloßstellte.

Wo Hinzufügen Wegnehmen bedeutet

Man könnte sagen, daß die Pharisäer mit ihren Traditionen etwas zum Wort *hinzufügten,* während die Sadduzäer mit ihrem Unglauben, was die Auferstehung der Toten und das Übernatürliche anbelangte, etwas vom Wort *wegnahmen.* Es ist jedoch wichtig zu sehen, daß ein Hinzufügen dieser Art immer auch auf ein Wegnehmen hinausläuft. Dies wird uns deutlich werden, sobald wir sehen, daß die Bibel nicht nur über alles erhaben, sondern auch ausreichend ist. Wer zu etwas, was vollkommen ist, hinzufügt, nimmt im Grunde weg. Das wird an der Erlösung deutlich. Wenn Menschen ihre eigenen guten Taten und ihre Frömmigkeit zum vollbrachten Werk Jesu am Kreuz hinzufügen, wird die Erlösung dadurch nicht vergrößert, sondern geschmälert. Im Grunde sagt man damit: „Dieses vollkommene Werk ist nicht wirklich vollkommen; ich muß etwas dazu beisteuern." Daher sagte Jesus zu den Pharisäern: „Ihr *verlasset* das Gebot Gottes und *haltet* die Überlieferung der Menschen fest" (Mk. 7,8). In diesem Fall führt das Festhalten an einer Sache immer zum Loslassen. Im Haus des Pharisäers sagte er zu den Schriftgelehrten: „Wehe euch Schriftgelehrten, daß ihr *den Schlüssel der Erkenntnis weggenommen habt!*" (Luk. 11,52). Damit bezog er sich auf die Schrift. Sie hatten den Menschen durch die Traditionen, die sie eingeführt hatten, die Schrift weggenommen. Das ist es, was Traditionen auch heute noch bewirken. Und darum können wir ihnen gegenüber nicht gleichgültig sein.

Waren die Reformatoren radikal?

Wir haben bereits gesehen, daß die Tradition eine bedeutende Rolle in der Reformation spielte. Während Rom darauf bestand, daß die kirchliche Überlieferung die gleiche Autorität wie die Bibel habe, war die Losung der Reformatoren *„sola scriptura"* – „allein die Schrift". Sie bestanden darauf, daß nichts außer ihr zur Erlösung nötig sei. Alle Traditionen mußten am Kanon geprüft werden. So weit, so gut. Aber die Frage ist: Gingen die Reformatoren weit genug?

Gott hat in seinem Wort nicht nur über die Erlösung und das Leben als Christ gesprochen, sondern uns auch Grundsätze für die Ordnung unseres Gemeindelebens, für die Zusammensetzung und Funktion der christlichen Gemeinde gegeben. Es scheint jedoch, daß die Reformatoren nicht willens waren, ihre Überzeugung, daß die Schrift allein genüge, auch über die Frage der Erlösung hinaus anzuwenden.

„Luther und seine Freunde betrachteten die schriftlichen Überlieferungen der Väter als nützlich zur Interpretation der Schrift, aber nicht als eine Quelle oder Norm der Lehre … Die Haltung Luthers und seiner Freunde war konservativ. Sie behielten alles bei, was der Botschaft von der Gerechtigkeit durch Glauben nicht widersprach" (Encyclopaedia Britannica).

Diese nachsichtige Haltung der Reformatoren ließ viele nicht schriftgemäße Traditionen unberührt. Es konnte nicht ausbleiben, daß die Erneuerungsbewegungen des Geistes in den folgenden Jahrhunderten sich damit auseinandersetzen mußten.

Wo Gott gesprochen hat

In den letzten Kapiteln habe ich aufzuzeigen versucht, daß Gott seine Ansicht über die Gemeinde eindeutig festgelegt hat. Er hat alles gesagt, was gesagt werden mußte, wenn auch manchmal nur andeutungsweise. Er hat Raum gelassen für Ausarbeitung, Erklärung, Interpretation und Anwendung, nicht aber für Zusätze. *Sola scriptura!* Das Wort genügt! Traditionen, die hinzufügen, nehmen nur von der Schrift weg. Man leugnet damit, daß die Schrift vollkommen ausreicht, und beraubt sie ihrer Wirkung. Traditionen bedeuten für die Gemeinde dasselbe wie die Traditionen der Pharisäer und Schriftgelehrten für das echte geistliche Leben zur Zeit Jesu.

Durch ihre Traditionen bringt die Kirche zum Ausdruck: „Gott hat es in der Bibel nicht klar genug gesagt.

Deshalb wollen wir es den kommenden Generationen klarmachen." Oder: „Was die Bibel zu sagen hat, mag für die ersten Gemeinden angemessen gewesen sein, aber wir haben uns seitdem weiterentwickelt. Veränderte Situationen und Probleme fordern neue Maßstäbe." Mit anderen Worten: „Gott war ein wenig kurzsichtig, als er die Schreiber des Neuen Testaments inspirierte."

Als Jesus darüber sprach, daß die alten Weinschläuche nicht geeignet seien, neuen Wein aufzunehmen, bezog er sich mit diesem Gleichnis direkt auf das Judentum. Die Schwäche eines alten Weinschlauches ist seine Inflexibilität, und wir haben gesehen, daß der Hauptgrund für die jüdische Inflexibilität die Tradition war. Aber das Prinzip gilt auch heute noch. Kirchen, die der Tradition verhaftet sind, gleichen alten Weinschläuchen, und der Geist Gottes wird ernstlich in seinem Wirken begrenzt. Wenn wir aus traditionellen Kirchen in neutestamentliche Gemeinden kommen, finden wir statt Starrheit, Einförmigkeit und Kompliziertheit, Beweglichkeit, Vielfalt und Einfachheit. T.C. Hammon, der über das Wesen der Gemeinde geschrieben hat, tut gut daran, uns zu erinnern:

„Die Gemeinde ist eher ein Organismus als eine Organisation. Aus diesem Grunde fehlen im Neuen Testament genaue, ausführliche Anordnungen, die denen im dritten Buch Mose vergleichbar wären. Es bleibt genügend Spielraum für nationale und örtliche Unterschiede. Nirgends wird Einförmigkeit vorgeschrieben ... *Die Regeln für die Gemeinde sind in einer Reihe von Grundsätzen zu finden ... Die charakteristischen Merkmale apostolischer Gemeindetradition sind Einfachheit und Anpassungsfähigkeit."*

Ein anderer bekannter Anglikaner berichtet, nachdem er monatelang die Apostelgeschichte studiert und übersetzt hatte, wie dieses Erlebnis ihn „gründlich aufrüttelte und – um ehrlich zu sein – beunruhigte". Die folgenden drei Auszüge sind dem Vorwort zur Übersetzung der Apostelgeschichte von J.B. Philipps entnommen:

„Man kann nicht umhin, sowohl bewegt als auch beunruhigt zu sein, denn hier lesen wir zweifellos, *wie die Gemeinde sein sollte.* Sie ist kraftvoll und beweglich, denn sie ist noch nicht durch den Wohlstand beleibt und kurzatmig geworden und hat noch nicht durch Überorganisation Muskelkater bekommen. Diese Männer haben nicht Werke des Glaubens vollbracht, sondern sie glaubten einfach. Sie haben nicht Gebete gesprochen, sondern sie beteten wirklich. Sie hielten keine Konferenzen über psychosomatische Krankheiten ab, sondern sie heilten einfach die Kranken. Aber wenn sie nach modernen Gesichtspunkten unkompliziert und naiv waren, müssen wir kläglich eingestehen, daß sie *für das Göttliche* in einer Weise *offen* waren, die heute nahezu unbekannt ist ..."

„Aus den Seiten dieses anspruchslosen Buches (Apostelgeschichte) weht dem Leser frische Himmelsluft entgegen. Wendet man sich dann nach dieser Lektüre der heutigen christlichen Literatur zu – dabei spielt es kaum eine Rolle, ob es ein theologisches Buch oder eine christliche Zeitschrift ist – könnte man weinen. *Denn sobald man darauf hinweist, daß unserer so tragisch zersplitterte und in Traditionen nahezu erstickte Kirche von der Unbekümmertheit der Urgemeinde lernen könnte, wird man natürlich beschuldigt, die Probleme unserer modernen Welt zu stark zu vereinfachen.* Dabei sollte man sich vor Augen halten, daß auch das Altertum nicht ohne vielschichtige Probleme war. Es ist natürlich möglich, daß dem Übersetzer durch ein zu gründliches Studium dieser schlichten, kraftvollen Texte der Kopf schwirrte, trotzdem empfindet er nach solch einem Studium, daß der Heilige Geist menschliche Probleme oft überraschend löst. *Genauso wie Jesus, als er noch auf der Erde war, das Gewirr der Traditionen einfaß zerriß und den wahren Sachverhalt bloßlegte.* Oder wie er immer wieder ein echtes Problem auf die persönliche Ebene herunterholte. Jesus hat sich nicht so sehr mit Problemen als vielmehr mit Menschen befaßt."

„Natürlich könnte man diesen kurzen historischen Bericht von den Uranfängen der Gemeinde schlichtweg als ‚Sturm- und Drang-Zeit' abtun, wonach eine wohldisziplinierte Reifezeit folgte, in der keine beschämenden Verstöße mehr vorkamen. Doch eine solche Erklärung ist mit Sicherheit zu einfach. *Wir in unseren modernen Kirchen und Gemeinden haben fraglos etwas verloren.* Daran ist entweder unsere steife Kirchlichkeit schuld oder unsere sündhafte Gleichgültigkeit gegenüber dem Skandal der zersplitterten Kirche oder was auch immer der Grund sein mag. Nur sehr wenig in der modernen Kirche könnte einem Vergleich mit dem geistlichen Elan, der echten Gemeinschaft und dem fröhlichen, unbesiegbaren Mut der jungen Gemeinde standhalten."

Wir haben etwas verloren; darüber besteht kein Zweifel. Aber die entscheidenden Fragen lauten: „Was haben wir verloren? Und warum?"

Wir wollen uns von der muffigen Atmosphäre traditionellen Christentums weg und dorthin wenden, wo uns „die frische Himmelsluft" entgegenweht, um herauszufinden, was uns verlorengegangen ist. Mit Hilfe der vom Heiligen Geist inspirierten Beschreibung der neutestamentlichen Gemeinde, zusammen mit einem Quentchen heiliger Phantasie und einer Prise orientalischer Würze wollen wir die Gemeinde, wie sie sein sollte, besuchen.

Wir befinden uns in einer römischen Provinzstadt Asiens. Einen Fremden, der an uns vorbeigeht, fragen wir, ob er uns sagen kann, wo die Christen zusammenkommen. Zu unserer großen Freude stellen wir fest, daß wir einen Diakon dieser Gemeinde angesprochen haben. Er heißt Timotheus. Als er entdeckt, daß wir auch Gläubige sind, grüßt er uns mit dem heiligen Kuß und führt uns dann zu dem Versammlungsort.

„Unsere Gemeinde hat nur zweihundert Gläubige, aber die Gemeinde in der Stadt hat nahezu zweitausend", erklärt er uns, während wir weitergehen. „Es fing an, als unser Bruder Paulus vor fünf Jahren diese Provinz besuchte. Damals habe auch ich mich bekehrt. Zuerst waren wir nur eine Handvoll Gläubige, aber seitdem ist die Arbeit schnell gewachsen."

Wir erkundigen uns nach der Gemeindeleitung und nach seiner eigenen Rolle als Diakon. Die Gemeinde hat fünf Älteste. Zwei von ihnen stehen hauptamtlich im Dienst, während die anderen einen weltlichen Beruf ausüben. Einer der Ältesten, Artemas, ist nicht nur ein Hirte und Lehrer, sondern reist auch mit Bruder Paulus umher. Ja, sie haben außer ihm mehrere Diakone, die der Gemeinde in vielfältiger Weise dienen. Seine persönliche Aufgabe ist es, für die Armen und Witwen der Gemeinde zu sorgen.

Schließlich haben wir den Versammlungsort erreicht. Aus allen Richtungen strömen die Menschen zusammen. Die Gläubigen legen ihren Zehnten und ihre Opfer in einen großen Kasten, der in der Nähe der Tür steht. Wir beobachten, wie eine kleine Frau mit einem verhutzelten Gesicht selbstgemachten Käse neben den Opferkasten für die Armen legt. „Sie ist Witwe", erklärt Timotheus. „Wir wissen nicht, wie sie es überhaupt schafft, so großzügig zu geben." Das Stimmengewirr, das herrscht, während die Heiligen einander begrüßen oder andere ihre Plätze in der Versammlung einnehmen, nehmen wir kaum wahr. Die Gegenwart Gottes ist deutlich spürbar, so daß eine angemessene Art der Ehrerbietung und eine heilige Erwartung die natürliche Folge sind.

Wir schauen uns um. Was für ein Gemisch von Menschen! Da sind Juden und Griechen, Sklaven und Freie, Junge und Alte, Reiche und Arme – alle verkehren zwanglos und unterschiedslos miteinander. Wir brauchen nur die Art, wie sie einander begrüßen, zu beobachten, dann wissen wir, daß diese Christen sich wirklich lieben. Ein Ältester, der vorn sitzt, fängt mit starker, klangvoller Stimme an, einen Psalm zu singen. Sofort verstummt das Gesumm der Unterhaltung, und die Gemeinde stimmt ein: „Eins bitte ich vom Herrn, das hätte ich gern, daß ich bleiben dürfe im Hause des Herrn mein Leben lang, zu schauen die Lieblichkeit des Herrn und seinen Tempel zu betrachten." Die letzten Worte singen sie immer und immer wieder wie einen Refrain: *„Zu schauen die Lieblichkeit des Herrn und seinen Tempel zu betrachten"*, bis sie in jeden Geist eingebrannt zu sein scheinen.

Als der Psalm zu Ende ist, beginnt ein Mann mit einem Lied und spielt dazu die Lyra. Es wird mehrere Male gesungen, andere Lieder folgen. Dann singen zwei einander entgegen. „Der Herr ist ein Kriegsmann, Herr ist sein Name", hören wir jemand ganz in unserer Nähe singen. Von der anderen Seite kommt die Gegenstimme: „Es stehe Gott auf, daß seine Feinde zerstreut werden." Nun hört man wieder den ersten Sänger: „Und wir wollen mit ihm voranziehen und die Siegesbeute teilen" – und so weiter. Dieses inspirierte Singen scheint die Anbetung auszulösen. Bald ist die ganze Gemeinde erfaßt von einem gemeinsamen Gesang – einige singen in ihrer Muttersprache, andere in unbekannten Zungen. Auch wir werden mit hineingenommen. Noch nie haben wir so etwas gehört: Harmonie ohne Melodie, zu einem herrlichen Crescendo anschwellend, wobei die Leute in spontane Zustimmung ausbrechen; dann wird es allmählich leiser, bis es wie in einem Flüstern erstirbt, als habe ein unsichtbarer Dirigent langsam den Stab gesenkt.

Wir schauen uns um. Große Freude und überschwenglicher Lobpreis, aber auch Ehrfurcht vor Gott herrscht um uns herum. Eine Frau mittleren Alters, nicht weit von uns entfernt, hat die Augen geschlossen, die Hände erhoben und ist ganz versunken in die Anbetung Gottes. Dann wird unser Blick auf das Gesicht eines jungen Mannes gelenkt. „Noch letzte Woche war er Götzendiener", flüstert uns Timotheus zu. Auf seinem Gesicht liegt ein Glanz himmlischen Glücks. Dies muß es sein, was Petrus mit der „unaussprechlichen und herrlichen Freude" meinte.

In dem ununterbrochenen Dahinströmen des Lobpreises tritt eine Pause ein. Ein älterer Mann mit unverkennbar jüdischen Gesichtszügen steht auf, um zu beten. Seine Hände und sein Blick sind zum Himmel erhoben. Sein Gebet ist einfach, aber er weiß, wie er den Arm Gottes bewegen kann. Er betet für den Kaiser, für die Obrigkeit am Ort, für das Volk und für die Ausbreitung des Wortes Gottes. Er ist kaum fertig, als schon ein junger Mann aufspringt und leidenschaftlich dafür betet, daß das Evangelium in der Stadt vordringe, jeder Gläubige ein unerschrockener Zeuge sei und Gott seine Hand zur Heilung ausstrecken und Zeichen und Wunder tun möge im Namen Jesu Christi.

Nun werden die Gebete unterbrochen von dem Zeugnis eines Mannes: Seit einiger Zeit hatte er versucht, die gute Botschaft auch seinen Eltern mitzuteilen, anscheinend ohne Erfolg. Aber in dieser vergangenen Woche war sein Vater von einem schlimmen Fieber befallen worden. Da der Sohn fürchtete, der Vater müsse sterben, gebot er der Krankheit in Jesu Namen, und sein Vater wurde geheilt. „Meine Eltern sind hier", fuhr er fort und deutete auf ein älteres Paar, das neben ihm saß, „sie möchten jetzt den Weg zu Jesus gezeigt bekommen." Spontaner Applaus und Hallelujarufe grüßen die Neuen, dann folgt eine weitere Welle des Lobpreises. Es schließen sich weitere Gebete an für inhaftierte Heilige, für solche, die unter Verfolgung zu leiden haben, und für das Zeugnis in anderen Gegenden. Dann hört man Botschaften in anderen Zungen, jede gefolgt von einer Auslegung in Form eines inspirierten Gebetes oder des Lobpreises. Visionen, Offenbarungen und Weissagungen mit schlichten Worten der Ermahnung und Ermutigung folgen.

Es ist so, wie Paulus schreibt: „... Jeder hat etwas: einen Psalm, eine Lehre, eine Offenbarung, eine Zungenrede, eine Auslegung." Allen steht es offensichtlich frei, sich zu beteiligen, wie sie vom Geist geleitet werden. Die Männer tragen Bärte, die Frauen haben den Kopf (jedoch nicht das Gesicht) verhüllt. Gerade beschäftigt uns der Gedanke, daß eine derart geistliche Gemeinde kaum einen Leiter braucht, als ein Mann aufsteht und eine Beschwerde gegen einen anderen Bruder vorbringt. Eine Stimme von vorn unterbricht ihn: „Wir sind nicht gekommen, deine Beschwerden anzuhören, Bruder." – „Ich habe nur versucht, die Sache zu klären", beharrt der Bruder. Nun ist eine Stimme voll Autorität aus den ersten Reihen zu hören: „Bruder Hermas, ich gebiete dir, dich zu setzen!" Demütig befolgt Bruder Hermas den Befehl. „Das war Artemas, der mit Paulus zusammenarbeitet", flüstert der Diakon.

Die Rüge hat die Versammlung gedämpft. Wir wenden uns wieder an Timotheus: „Sind eure Versammlungen immer so wie diese?"

„Nein", flüstert er, „sie sind nie wie diese, sondern immer verschieden. Man weiß nie, was kommt." Er verfällt in Schweigen, als eine klare, kräftige Stimme aus dem vorderen Teil des Raumes kommt: „Ich rufe mein Volk zu einer Zeit der Ausdehnung – daß eure Herzen weit werden, euer Glauben wachse und ihr eine weite Schau bekommt. Ich habe noch immer sehr viele in dieser Stadt, die in Finsternis sitzen. Die Felder sind weiß zur Ernte. Geht und bringt die Garben ein. Es werden sich Opposition und Verfolgung erheben, aber fürchtet nicht das Brüllen des Löwen. Ich werde mit euch sein und euch Gelingen schenken." Dies ist der Hauptinhalt einer Botschaft, die einige Minuten andauert.

Artemas springt auf. „Wir wollen diese prophetischen Worte sorgfältig prüfen", sagt er ruhig, „und sie in unsere Herzen hineindringen lassen. Ich bin überzeugt, dies ist Gottes Wort für uns im Augenblick. Es steht in vollkommener Übereinstimmung mit dem, was Gott mir zu sagen aufgetragen hat." Er blickt herab auf eine Schriftrolle in seinen Händen. „Dies sind Worte, die unser Bruder Paulus den Gläubigen in Philippi geschrieben hat." Er liest den ganzen Brief vor, legt hier und da eine Pause ein, um Worte oder Redewendungen zu erklären, die für die Ungebildeten unter den Gläubigen schwierig zu verstehen sind. Dann nimmt er das Thema von der Freude mitten in Drangsalen und Leiden auf. Diese Freude werde ihre Kraft sein. Sie werde sich als unwiderstehlich erweisen. Durch Glauben und Gebet würden sie triumphieren und die verheißene Ernte einbringen. Die Zuhörer saugen seine Worte begierig auf wie ein Schwamm das Wasser. Es ist eine kraftvolle und praktische Botschaft. Auf jeden Punkt reagieren die gespannt lauschenden Zuhörer mit Zustimmung.

Die Unterweisung endet, doch bevor Artemas die Versammlung entläßt, ruft er Bruder Cassius auf. Ein Römer, Mitte Dreißig, begibt sich ein wenig nervös nach vorn und steht vor der Gemeinde. Traurig erzählt der Leiter der Gemeinde, daß dieser Bruder mit einer Frau außerhalb der Gemeinde in Sünde gefallen sei. Man spürt den Schock und die Erschütterung, die durch den Raum gehen, gefolgt von einem tiefen Seufzen. „Das ist eine schwere Sünde, die uns alle verletzt", fährt der Leiter mit Tränen in den Augen fort. „Obgleich wir Gott dafür danken, daß Cassius diese Frau verlassen hat, wird unser Bruder vorläufig zwar den Versammlungen beiwohnen dürfen, sich jedoch nicht beteiligen und auch nicht am Mahl des Herrn teilnehmen, bis sich die Ältesten davon überzeugt haben, daß er echte Buße getan hat." Viele weinen, als Cassius bleich und erschüttert an seinen Platz zurückkehrt.

Artemas fährt fort: „Ich bin vom Presbyterium gebeten worden zu verkünden, daß Bruder Rufus von der Patrias-Gemeinde unter Bestrafung steht, weil er in verschiedenen Gemeinden Unruhe stiftet. Wir werden ihn hier nicht aufnehmen, und ihr dürft ihn nicht in euren Häusern empfangen. Wenn er zu euch kommt, sagt ihm, er solle zu den Ältesten seiner Gemeinde zurückkehren und die Dinge in Ordnung bringen. Das ist alles. Gnade, Barmherzigkeit und Friede sei mit euch!" Die Versammlung ist zu Ende. Wir können es kaum glauben, daß über drei Stunden vergangen sind. Sie gingen wie im Traum vorüber.

„Was meinte Artemas mit dem Presbyterium?" erkundigen wir uns bei Timotheus.

„Das ist die Gesamtheit der Ältesten, die den Gemeinden der Stadt vorstehen", erwidert er. „Artemas ist der einzige Älteste in unserer Gemeinde, der zu dem Presbyterium der Stadt gehört. Sie befassen sich mit allen Schwierigkeiten zwischen den Gemeinden und entscheiden, wann die ganze Gemeinde zusammenkommen sollte. Das sind die Gemeindeleiter, die Bruder Paulus jedesmal zusammenruft, wenn er in die Stadt kommt."

„Es fiel uns auf, daß man für Gemeinden in anderen Städten betete. Allein in dieser Provinz muß es viele geben. Sie zu leiten und zu verwalten muß eine enorme Aufgabe sein. Wo ist eigentlich die – hm – die Zentrale eurer Denomination?"

„Wie bitte?"

„Habt ihr keine zentrale Verwaltungsstelle?"

„Wenn es so etwas gibt, habe ich noch nichts davon gehört. Wir sind mit den anderen Gemeinden durch die umherreisenden Brüder verbunden, das sind unser Bruder Paulus und der Kreis apostolischer Mitarbeiter, den er leitet. Sie besuchen die Gemeinden, lehren und geben apostolische Anweisungen, wo sie nötig sind."

„Bevor wir gehen, sage uns doch bitte, wann die nächste Versammlung stattfindet."

Timotheus lächelt. „Eigentlich haben wir immerzu Versammlung. Was ihr heute morgen gesehen habt, ist nur ein Aspekt unseres gemeinsamen Lebens. Jeder nimmt soweit wie möglich Anteil am Leben der anderen. Wir dienen einander in praktischer Weise. Das ist es, was wir unter ‚Gemeinschaft' verstehen. Die meisten unserer Versammlungen finden in Häusern statt, wo wir sowohl gemeinsame Mahlzeiten einnehmen als auch das Brot miteinander brechen."

Wir danken unserem Bruder herzlich und sagen ihm Lebewohl. Dann gehen wir – in Gedanken versunken – hinaus in das lärmende, geschäftige Treiben dieser orientalischen Stadt.

Es wäre eine Untertreibung, wollte man sagen, wir hätten „etwas verloren". Nicht nur die Vielfalt, Einfachheit und Flexibilität, sondern, was viel wichtiger ist: eine bestimmte Qualität des Glaubens und des geistlichen Lebens.

Zusammenfassung

Wenn wir ehrlich sind, müssen wir zugeben, daß die Tradition bei alledem eine große Rolle spielt. Es gibt immer Unbekümmerte, die sagen: „Wir wollen weiterhin ein christliches Leben führen und Seelen retten." Das ist genauso realistisch wie die Ansicht des Holzfällers, der sagt: „Ich habe keine Zeit, meine Axt zu schärfen. Ich bin zu sehr mit Bäumefällen beschäftigt." Auf die Gefahr hin, mich zu wiederholen, gebe ich hier eine zusammenfassende Erklärung gegen kirchliche Traditionen:

1. Traditionen neigen dazu, das Wort Gottes zu verdunkeln oder gar unwirksam zu machen. Wir haben über den Zwiespalt zwischen Klerus und Laien gesprochen, der das biblische Prinzip des Priestertums aller Gläubigen zunichte macht, und über die Kindertaufe, die den ganzen Zweck der Taufhandlung verdunkelt und verwischt. Würde die Kindertaufe nicht durch Traditionen aufrechterhalten, würde sie in sich zusammenfallen. So sehr entbehrt sie jeglicher klarer, biblischer Grundlage!

2. Traditionen legen ein Joch auf die Schultern der Gläubigen, insbesondere im Hinblick auf den gemeinsamen Gottesdienst; die Folge ist Unfreiheit. Liturgie und eine starre Form des Gottesdienstes – ob es sich nun um den Ablauf nach der Agende der lutherischen Kirche handelt oder um die Abfolge von: Lied – Gebet – Lied – Predigt, wie sie bei den Freikirchlern üblich ist, oder um das Schema einer gewissen Gleichförmigkeit, das sich manche charismatischen Gruppen unbewußt zugelegt haben – all dies wirkt der Anbetung im Geist entgegen (Phil. 3,3). Liturgie, sowohl herkömmliche als auch moderne, geschriebene oder ungeschriebene, ist ein menschlicher Kniff, das religiöse Auto in Gang zu halten. Man ist festgefahren und tut, was man immer getan hat, anstatt an die unmittelbare Gegenwart und Wirkung des Heiligen Geistes zu glauben. In gewisser Weise überdeckt die Liturgie das Fehlen des Geistes, wenn er sich zurückgezogen hat, und wehrt der Spontaneität und Vielfalt.

3. Traditionen verunsichern die Gläubigen und verwirren die, welche nicht klar genug unterscheiden können zwischen dem, was Gott nach der Schrift von ihnen

verlangt, und dem, was Menschen aufgrund von Traditionen von ihnen verlangen.

4. Traditionen halten uns in der Schublade unserer Denominationen fest, trotz all unseres Redens über Einheit. Das ist ein Stein des Anstoßes für die Welt, der auch nicht durch gemeinsame Evangelisationen aufgewogen wird. Gemeinschaft zwischen den Denominationen ist ein armseliger Ersatz für die Einheit, die Gott schaffen will.

5. Traditionen hemmen weitgehend den Strom des Geistes. Die Gemeinde gleicht einer verkalkten Wasserleitung. Dreht man den Hahn der Dusche auf, kommen nur ein paar Tropfen.

6. Traditionen verhindern die volle Entfaltung der Gaben, die im Leib Jesu vorhanden sind, so daß Männer und Frauen, die Geistesgaben haben, sich veranlaßt sehen, ein Betätigungsfeld außerhalb der Gemeinde zu suchen. Die Folge ist, daß die Gemeinde ärmer wird.

7. Traditionen berauben die Gemeinde ihrer geistlichen Beweglichkeit, allem Neuen gegenüber, das Gott tun möchte, aufgeschlossen zu sein.

8. Traditionen machen die Gemeinde zu einem unbrauchbaren Instrument für die Weltevangelisation, so daß die Hauptlast dieser Aufgabe Organisationen außerhalb der Gemeinden überlassen wird. Diese können aber niemals so stoßkräftig sein wie die von Gott dazu ausersehenen Mittel: nämlich die örtlichen Gemeinden, Evangelisten und apostolische Teams auf Gemeindebasis.

9. Traditionen halten das Volk Gottes davon ab, einzeln und gemeinsam zur vollen Reife zu gelangen, „zum Maße der vollen Größe Christi" als Vorbereitung für Jesu Wiederkunft.

10. Mit einem Wort: Traditionen bewirken das totale

Gegenteil dessen, was Gott durch die Gemeinde erreichen möchte.

Bleibt die Frage, was zu tun ist. Vielleicht gehören Sie zu einer etablierten Kirche und haben dieses Kapitel als recht beunruhigend empfunden. Sie haben sich gefragt, wie Sie das Gesagte praktisch anwenden sollen. Läuft alles auf den Austritt hinaus? Wir müssen uns die Antwort für das nächste Kapitel aufheben.

DAS DILEMMA DER DENOMINATIONEN

In den frühen siebziger Jahren sahen sich viele Christen, die mit dem Heiligen Geist erfüllt waren, in ihren Kirchen einer zunehmenden Ächtung und Opposition ausgesetzt. Manche verließen ihre Kirchen, gründeten neue Gruppen oder traten solchen Gemeinden bei, die ihnen wohlwollender gesinnt waren. Es gab viele Debatten über die Frage: bleiben oder austreten? Das Thema wurde in Konferenzen zur Sprache gebracht und in Zeitschriften diskutiert. Damals hat die Charismatische Bewegung einen heute noch gültigen kompromißlosen Aufruf an alle erlassen, die unsicher geworden waren und den Austritt in Erwägung zogen: „Bleibt in eurer Kirche – zumindest, soweit es an euch liegt! Wenn ihr hinausgeworfen werdet, tretet einer anderen etablierten Kirche bei, aber gründet keine neue Gemeinde! Das würde bedeuten, ihr verfehlt das Beste, das Gott für euch vorgesehen hat."

Als einer derer, die von Anfang an stark in der Charismatischen Bewegung engagiert waren, setzte ich einen anderen Schwerpunkt. Ich sagte, alle Aufrufe, ganz gleich, ob sie zum Bleiben oder zum Austreten aufforderten, seien in gleicher Weise verfehlt. „Wer dies tut, ohne zu wissen, was Gott dem einzelnen sagt, handelt vermessen und maßt sich eine Entscheidungsfreiheit an, die allein dem Heiligen Geist zusteht." Dabei wird dem Gewissen und der persönlichen Überzeugung des anderen kein Raum gelassen. Wer solche generelle Aufrufe ergehen läßt, sollte seine Motive prüfen. Hat er das geistliche Wohl des einzelnen im Auge oder die Unterstützung und Erhaltung der Institution, der sie angehören? Bei anderen mag es das Wachstum der neuen Bewegung sein, der sie sich verpflichtet wissen.

Es ist nicht einfach, die Frage der Gemeindezugehörigkeit objektiv und unparteiisch zu behandeln. Dabei stürmen nämlich alle verschworenen Feinde des neutestamentlichen Radikalismus' – Gefühl, Gewohnheit, Tradition – auf uns ein. Zum einen haben die Leute nur verschwommene Vorstellungen vom Wesen der Gemeinde. Zum andern kommen sie in Konflikt mit der Treue ihrer Denomination gegenüber. Oder sie sind hin und her gerissen durch ein Gefühl der Dankbarkeit und Verpflichtung einem Geistlichen gegenüber, durch den sie gesegnet wurden. Sie fühlen sich ihrer Kirche verbunden und verpflichtet. Zudem werden sie beeinflußt durch Familie, Tradition, Freunde, sentimentale Anhänglichkeit an ein Gebäude und die eigene religiöse Vergangenheit. Es scheint sicherer zu sein, sich an das zu klammern, was man kennt, statt sich mit dem Unbekannten einzulassen. Geistliche haben zusätzliche Bedenken in bezug auf ihren Lebensunterhalt und ihre Wohnung. Obwohl diese Faktoren von größter Wichtigkeit sind, wird sich der radikale Christ *weder durch einen von ihnen noch durch alle zusammen* in dieser Sache bestimmen lassen. Sie berühren nicht die Wurzel des Problems.

Die noch vorhandene Lehre

Pastoren und Gemeindeleiter historischer Kirchen geben oft freimütig zu, daß die formale, etablierte Kirche (jeglicher Denomination) „abstrakt, gewohnheitsmäßig, verstaubt, tot" sei und ein eindeutiges Hindernis bei der Verkündigung des Evangeliums darstelle. Trotzdem meinen sie, drinbleiben und nach einer „Erneuerung von innen heraus" trachten zu müssen. Das Argument aus der Schrift, das gewöhnlich angeführt wird, um diese Einstellung zu untermauern, ist die noch vorhandene Lehre. Diese Ansicht geht davon aus, daß Israel trotz seiner schrecklichen Rückfälle niemals endgültig von Gott verworfen wurde. Statt dessen habe er durch einen heiligen Überrest im Volk gewirkt, durch Propheten und Führer, um das Volk zu ihm zurückzubringen. Auch unser Herr sei wie eine Wurzel aus dürrem Erdreich hervorgekommen. Er habe sich nicht von der toten religiösen Tradition seiner Zeit abgesetzt, sondern Synagoge und Tempel besucht.

Es ist zweifellos richtig, daß Gott einen Überrest gebraucht, um sein Volk wieder zu beleben und zu erneuern. Aber was dem alttestamentlichen Israel als Nation entspricht, ist heute die Gemeinde, der Leib Christi, nicht eine Denomination der Christenheit. An diesem Punkt werden viele Argumente ausgeschaltet. Es wird stillschweigend vorausgesetzt, daß Kirchen, die ohne jedes geistige Leben sind, dennoch dem Leib Christi gleichzusetzen seien. Damit bedeutet natürlich der Austritt aus einer Kirche, diesen Leib zu zerteilen.

Die Vorstellung, Gott werde einem abtrünnigen Volk gegenüber unbegrenzt Nachsicht üben, stimmt einfach nicht. Jesus erklärte den Juden seiner Zeit, daß das Reich Gottes von ihnen genommen sei und einem Volk (der Gemeinde) gegeben werde, das seine Frucht hervorbringe (Matth. 21,43). Es stimmt, daß Jesus im religiösen „Establishment" blieb, aber nicht bis zum bitteren Ende. Es kam für ihn der Punkt, von dem aus es keine Rückkehr mehr gab, als er seine öffentliche Verurteilung der religiösen Führer mit den ernsten Worten schloß: „Euer Haus wird euch öde gelassen werden; denn ich sage euch: Ihr werdet mich von jetzt an nicht mehr sehen, bis ihr sprechen werdet: Gelobt sei, der da kommt im Namen des Herrn!" (Matth. 23,38-39).

Es ist darum nicht überraschend, daß Jesu Nachfolger nach Pfingsten, obwohl sie zunächst noch die Synagoge und den Tempel besuchten, bis man sie hinauswarf, eigenständige Gruppen gründeten, nämlich die neutestamentlichen Gemeinden. In dem Gleichnis von dem zerrissenen Kleid und den brüchigen Weinschläuchen, das wir in einem früheren Kapitel betrachteten, hatte Jesus sie bereits darüber belehrt, daß er nicht gekommen sei, ein Werk der Erneuerung an Israel zu tun, sondern ein Werk der Ablösung. Das Reich war von ihnen genommen worden. Das „Neue" war jetzt der Überrest und Grundstock dessen, was kommen sollte. Ist es nicht denkbar, daß Gottes Überrest heute auch „etwas Neues" außerhalb der etablierten Kirche ist? Nach der Lehre vom Überrest hätte Paulus der Synagoge treubleiben und von innen her auf eine Änderung hinarbeiten müssen. In Wirklichkeit bestand das unvermeidliche Ergebnis seiner Bekehrung aus dem genauen Gegenteil, wie D.A. Hubbard herausstellt:

„Wohl kaum etwas im Leben des Apostels illustriert so deutlich den radikalen, durch seine Bekehrung bewirkten Wechsel wie der dramatische Umschwung in seiner Beziehung zum priesterlichen Establishment. Am Anfang seiner Geschichte finden wir ihn bei denen, die Jagd auf ihre Opfer machen, am Ende bei denen, die gejagt werden."

Vorausgesetzt, ein Gläubiger ist überzeugt, daß seine Mitgliedschaft in einer Ortsgemeinde dem Willen Gottes entspricht, dann sollte er ermutigt werden, dieser Ortsgemeinde treu zu bleiben. Oft jedoch steckt mehr hinter dem Ruf: „Bleib drin!", nämlich eine Aufforderung zur Treue seiner Denomination gegenüber. Da aber Denominationen keine biblische Grundlage haben, schlittern wir über dünnes Eis, wenn wir zu einer solchen Treue auffordern. Die überwältigende Mehrheit derer, die historisch gewachsenen Denominationen gegenüber treu sind, handeln nicht nach biblischen Grundsätzen. Ausschlaggebend ist die Tradition, in der sie aufgewachsen sind. Die Eltern meiner Frau waren zufällig dem Namen nach Anglikaner. Deshalb wurde sie getauft, konfirmiert und anglikanisch erzogen.

Für diejenigen unter uns, die nicht mehr zu einer etablierten Kirche gehören, scheint es unvereinbar, wenn Menschen, die darin sind, sie als „abstrakte, gewohnheitsmäßige, muffige, tote" Institution bezeichnen, gleichzeitig aber einen nachdrücklichen Aufruf ergehen lassen, man solle um jeden Preis darin bleiben. Sind diese Leute tatsächlich davon überzeugt, ihre Kirche sei so schlecht, wie sie sagen? Oder liegt ein tieferer Grund für diesen außergewöhnlichen Rat vor? Ich glaube, der Hauptgrund ist im vorigen Kapitel zu finden. Es handelt sich um Traditionalismus und nicht um neutestamentlichen Radikalismus. Solche Überlegungen gehen von der stillschweigenden Annahme aus, das Alte habe eine gewisse Gültigkeit, ja sogar Heiligkeit, die dem Neuen abgehe. Die Schrift bestärkt in keinem Punkt die Ansicht, traditionelle Strukturen seien etwas Hochheiliges.

Ein Argument, das häufig vorgebracht wird, um zum Bleiben aufzufordern: „Jede neue Gruppe, der man beitritt, wird zu gegebener Zeit alt und entwickelt sich zu einer zusätzlichen Denomination. Damit ist man wieder da, wo man begonnen hat."

„Zahlreiche christliche Kreise haben sich von traditionellen Denominationen abgespalten, wobei alle die reine Gemeinde bilden wollten. Eine Zeitlang ging auch alles gut ... aber bald entwickelte sich das gleiche Schema: aus der Reinheit wurde Vermischung, aus der Vitalität Formalität, aus der Orthodoxie Scheinheiligkeit. Und die christliche Landschaft ist wieder einmal durch eine neue Denomination verunstaltet worden, um die Welt noch mehr zu verwirren."

Zweifellos wird jedermann den Satz unterstreichen, daß Denominationen die christliche Landschaft verunstalten und die Welt vor den Kopf stoßen. Aber die Auffassung, daß die Leute ihre Denomination verlassen, um eine „reine Gemeinde" zu bilden, könnte irreführen. Anfänglich mag es eher um die Grundlage als um Reinheit gehen. Wer versucht, die Vermischung in den christlichen Kirchen zu rechtfertigen, ist mit Sicherheit Calvin gefolgt und benutzt Korinth als Prügelknabe. Wenn grobe Sünden, wie sie in den heutigen nominalen Kirchen nicht vorkommen, – so argumentiert man – in Korinth vorkommen konnten und sie dennoch von Paulus als wahre Gemeinde anerkannt wurde, wie kann dann heutzutage sich jemand für eine reine Gemeinde einsetzen?

Wir müssen hier zwei Dinge unterscheiden, die durcheinandergeworfen werden. Obwohl Korinth keine „reine Gemeinde" war, besaß sie doch die richtige

Grundlage. Sie bestand aus echten Gläubigen, die jedoch fleischlich waren. Wir dürfen nicht vergessen, daß diese Leute Neubekehrte waren und aus Götzendienst und großer Unmoral herauskamen. Deshalb dürfen wir nicht zu hart in unserem Urteil über sie sein. Paulus war es auch nicht. Lesen Sie nur einmal die beiden Korintherbriefe durch und suchen Sie nach dem Positiven, das Paulus über die Gemeinde zu sagen hat. Sie werden erstaunt sein, wieviel er zu loben hatte – viel mehr als in seinem Brief an die „respektablere" Gemeinde in Galatien. Weil die Gemeinde zu Korinth auf einem soliden Fundament stand, konnte man darangehen, ihren Zustand zu behandeln. Da aber die traditionellen Kirchen kein solches Fundament haben, sondern in unbiblischen Strukturen festgefahren sind, ist es schwierig, wenn nicht unmöglich, sie zu korrigieren. Wenn wir es mit einer biblischen Struktur zu tun haben, wird das Neue Testament uns die nötigen Anweisungen für Aufbau, Funktion und Ordnung der Gemeinde geben. Bei einer traditionellen Struktur ist man jedoch hilflos – wie auf hoher See ohne Karte und Kompaß.

Sind Abspaltungsbewegungen immer falsch?

Wir wollen einmal für einen Moment davon ausgehen, das oben gesagte Argument, daß jede neue Bewegung aus einer traditionellen Struktur heraus nach einer gewissen Zeit zur ursprünglichen Form zurückkehrt und wieder zu einer Denomination wird, sei zutreffend. Wir wollen uns fragen, ob dies ein vernünftiger Grund ist, sich herauszuhalten. Dabei sollten wir uns vor Augen halten, daß alle großen Konfessionen im Westen, außer der römisch-katholischen Kirche, das Ergebnis von Abspaltungsbewegungen sind. Hätte nie eine stattgefunden, wären wir alle heute noch im Schoß der katholischen Kirche. Die meisten von uns sind sehr dankbar, daß dies nicht so ist. Handley Moule hat die folgende bezeichnende Erklärung für solche Bewegungen:

„Fast bei jedem Fall von Kirchenspaltung wird man feststellen, daß der Grund teilweise darin liegt, daß von den Vertretern der Mutterkirche irgendein wichtiger Grundsatz des geistlichen Lebens vernachlässigt oder unterdrückt wurde."

Anders ausgedrückt: Die Kirchenspaltungen waren Bewegungen, in denen Großes wiederentdeckt wurde. Sie waren ein Teil der großen himmlischen Strategie, die Kirche zum neutestamentlichen Christentum zurückzuführen, und sie ist noch nicht zu Ende. Denken wir nur an einige der großen Wahrheiten, die der mittelalterlichen Kirche verlorengegangen waren, uns aber durch viele schmerzliche Abspaltungsbewegungen wiedergeschenkt wurden:

– Rechtfertigung durch den Glauben, ohne verdienstvolle Werke
– Praktische Heiligung
– Taufe der Gläubigen durch Untertauchen
– Priestertum aller Gläubigen und Mitwirkung in der Gemeinde
– Leitung der Ortsgemeinde durch mehrere Älteste
– Geistestaufe und Geistesgaben für heute und vieles andere.

Wir sollten Gott danken für jede Abspaltungsbewegung, die der Gemeinde etwas zurückeroberte, was sie verloren hatte, selbst wenn diese Bewegung sich zu einer Denomination abschleift und ihren ursprünglichen Glanz verliert.

Abgesehen davon gab es zahlreiche Erweckungen, durch die die Kirche reich gesegnet wurde, die aber nicht zu einer Reformation der kirchlichen Strukturen und einer Abspaltung von der Mutterkirche führten. Die Folge solcher Erweckungsbewegungen waren Scharen von Menschen, die sich bekehrten, und eine Erweckung der Gotteskinder. Aber sie erloschen im allgemeinen schneller als die andere Art von Erweckungsbewegungen. Jede Erweckung braucht nach ein paar Jahren eine neue Belebung. Daß die geistliche Temperatur fiel, und die Kirche, in der sie stattgefunden hatte, wieder in ihre normale Routine zurückfiel, bedeutet nicht, daß alle Frucht verwirkt oder die Erweckung ein großer Fehler gewesen wäre. In diesem Argument steckt nicht mehr Logik als in der Begründung eines Mannes, sich kein neues Auto zu kaufen, weil alle neuen Autos die seltsame Tendenz hätten, alt zu werden.

Sind Denominationen unvermeidlich?

Ist jede neue Bewegung, die Gott hervorbringt, dazu verurteilt, den Weg allen Fleisches zu gehen? Müssen wir annehmen, daß Gott seine Gemeinde bis ans Ende der Welt zu einer Karussellfahrt der Denominationen bestimmt hat? Gibt es so etwas wie ein physikalisches Gesetz, vielleicht eine Denominations-Anziehungskraft, die jeden Absprung unmöglich macht?

Solch eine Ansicht kann nicht unangefochten bleiben. Sie ähnelt zu sehr der Lebensphilosophie, die von dem „Prediger in Jerusalem" vorgebracht wird:

„Ein Geschlecht geht, das andere kommt; die Erde aber bleibt ewiglich. Die Sonne geht auf, und die Sonne geht unter und eilt an ihren Ort, wo sie wieder aufgehen soll. Der Wind weht gegen Süden und wendet sich nach Norden; es weht und wendet sich der Wind, und weil er sich wendet, so kehrt der Wind wieder zurück. Alle

Flüsse laufen ins Meer, und das Meer wird doch nicht voll; an den Ort, wohin die Flüsse einmal laufen, laufen sie immer wieder. Alle Worte sind unzulänglich; der Mensch kann nicht genug reden, das Auge sieht sich nicht satt, und das Ohr hört nie genug" (Pred. 1,4-8).

Mit anderen Worten: Es mag wohl Bewegung und Prozesse geben, aber sie alle enden, wo sie begonnen haben. „Nichts Neues unter der Sonne!" Das mag auf die physikalische Welt zutreffen, aber wir können in bezug auf Gottes Volk keine solche Hypothese aufstellen, jedenfalls nicht, wenn wir vom Neuen Testament her eine Vorstellung von der erneuerten Gemeinde gewonnen haben. Wie können wir in einem Atemzug vom Skandal einer zersplitterten Kirche reden oder davon, daß die christliche Landschaft von Denominationen verunreinigt sei und gleichzeitig zu verstehen geben, daß es bis ans Ende der Zeit so bleiben werde? Dies stimmt weder mit dem Wesen Gottes noch mit den prophetischen Schriften überein.

Bevor sich jemand darauf festlegt, die Gemeinde werde immer zersplittert bleiben, sollte er sich deutlich vor Augen halten, was das wirklich bedeutet:

1. Es bedeutet, daß Gott ungeachtet der Aufforderung an seine Gemeinde, die „Einheit des Geistes" zu wahren und heranzureifen zur „Einheit im Glauben" (Eph. 4,3+13), alle Hoffnung aufgegeben haben muß, daß sie das jemals zustande bringt. Er muß wohl vor der Tatsache resignieren, daß seine Kinder in Denominationen zerstreut sind und bleiben werden bis ans Ende der Zeitalter, obwohl das nie in seinem Plan lag.

2. Es bedeutet, daß das Gebet Jesu, „auf daß sie alle eins seien gleichwie du, Vater, in mir und ich in dir; auf daß auch sie in uns eins seien" (Joh. 17,21-22), niemals erfüllt werden wird, bis Jesus wiederkommt. Das We-

sen dieser Einheit, um die Jesus betete, ist nicht zu vereinbaren mit einer Gemeinde, die in Denominationen zersplittert ist.

3. Es bedeutet, daß das Gebet Jesu: „… daß sie alle eins seien … *damit die Welt glaube* …” null und nichtig ist, denn wenn Jesus wiederkommt, wird es für die Welt zu spät sein zu glauben.

4. Daß die Rückkehr des Bräutigams zu seiner wunderbaren Braut, die sich für ihren Bräutigam bereitet hat (Off. 19,7), in Wirklichkeit bedeutet, daß Christus zu einer verwirrten Braut zurückkehrt, die sich nicht vorbereitet hat und die sich noch immer in ihren zahlreichen Denominationsschubladen befindet, ohne daß die vielen Unterschiede aufgehoben wären.

5. Daß dieses Ereignis, statt der herrliche Höhepunkt der Zeitalter zu sein, der tragische Tiefpunkt ist, wobei Gottes Volk nicht einmal das Maß der Einigkeit erzielte, dessen es sich im ersten Jahrhundert erfreute, als es wenigstens noch nicht in Denominationen aufgeteilt war.

Natürlich könnte man einwenden, die Ansicht, Denominationen seien unvermeidbar, habe die Geschichte auf ihrer Seite. Das ist wahr, aber die gegenteilige Ansicht hat Gottes Absicht und das Gebet Jesu auf ihrer Seite. Gott ist größer als die Geschichte der Vergangenheit. Seine künftigen Ziele können nicht durch Ereignisse der Vergangenheit begrenzt werden.

Ich erinnere mich, wie mir als kleiner Junge eine einfache Scherzfrage gestellt wurde: „Eine Schnecke kriecht eine sechs Meter hohe Mauer hinauf. Sie schafft jeden Tag zwei Meter und rutscht nachts einen Meter zurück. Wie lange braucht sie, um bis oben hin zu gelangen?” Ich ging dem Fragesteller auf den Leim und antwortete: „Sechs Tage.” Ich hatte nicht bedacht, daß sie an dem fünften und letzten Tag wohl noch vorwärtskam, aber nicht mehr zurückrutschte. Die Vision von einer Wiederherstellung der Gemeinde erfordert eine Endphase der Kirchengeschichte, in der es ein Vorwärtskommen zur endgültigen Vollendung, aber kein Zurückrutschen mehr gibt. Geht diese Vorstellung über das hinaus, was in Gottes Macht steht? Oder ist es nur zuviel für unseren Glauben?

Das Schreckgespenst der Trennung

Sooft Gott in der Kirchengeschichte etwas Neues wirkte, ertönte aus den Reihen der Konservativen der Ruf: „Vorsicht! Spaltung!" Er ist so etwas wie ein geistlicher Alarm, der die Gläubigen aufschreckt und vor ungebetenen Eindringlingen warnt. Es war ein weitverbreiteter Ruf in der ersten Zeit der Charismatischen Bewegung. Heute ist er zu hören, wenn von jemandem die Rede ist, der aus seiner Kirche austritt. Die Auffassung, Trennung sei immer vom Übel, ist weit verbreitet. Das ist jedoch nicht der Fall. Spaltung kann in der Tat ein Werk des Teufels sein, aber sie kann ebensogut ein Schwert aus Gottes Waffenkammer sein. Trennung ist nicht unbedingt der Feind der Einheit. Sie könnte am Ende die Art von Einheit bewirken, nach der wir uns alle sehnen.

Es ist eine traurige, aber unumgängliche Tatsache geistlicher Erfahrung, daß die Wahrheit trennt. Die Wahrheit des Evangeliums scheidet Familien, den Ehemann von seiner Frau, die Eltern von den Kindern. Sie trennt die, welche empfangen, von solchen, die ablehnen. Die Wahrheit über die Wasser- und Geistestaufe trennt einen Gläubigen von dem anderen. „Wir hatten immer eine so gute Gemeinschaft mit dir, bis du diese pfingstliche Lehre angenommen hast!" Viele von uns waren verletzt, wenn diese Bemerkungen von denen kamen, die sie liebten und respektierten. Doch wir konnten das nicht leugnen, was wir erkannt und erlebt haben, nicht einmal um den Preis, damit eine wertvolle Freundschaft zu erhalten. Wir zahlen einen zu hohen Preis für die Einheit, wenn sie nur auf Kosten der Wahrheit zu haben ist.

Wenn Menschen aus ihrer Kirche austreten, weil sie einer Überzeugung folgen, von der sie glauben, daß Gott sie ihnen gegeben hat, sollten wir sie nicht so schnell verurteilen, zumindest nicht, ehe wir den ganzen Sachverhalt kennen. Sonst könnte es sein, daß wir diejenigen sind, die den Heiligen Geist betrüben. Es gibt Zeiten, in denen Gott selbst die Initiative ergreift und in einer bestimmten Situation Scheidung und Unruhe bewirkt. Ich las von einer neutestamentlichen Gemeinde in den USA, in der Gott offensichtlich wirkte. Beschuldigungen gingen um: „Sie richten Spaltung im Leib Jesu an … stehlen die Schafe … stören die Einheit … machen einen Kult daraus." Es war Gott, der in ihrer Mitte sprach: „Ihr stört nicht die Einheit, sondern den Status quo." Es gibt um uns herum zu viele festgefahrene Standpunkte, die gestört werden müssen. Jede Wirkung des Heiligen Geistes ist eine Wirkung eines „heiligen Unruhestifters".

Nicht Friede, sondern das Schwert

Wenn Gott unseren Frieden und unsere Einheit durch das Wirken seines Geistes erschüttert, dann bedeutet das gewöhnlich, daß unser Friede und unsere Einheit seicht und oberflächlich waren. Die kleine Welt des Judentums im ersten Jahrhundert war relativ friedlich, bis Jesus kam. Und er kam nicht mit einem Ölzweig, sondern mit dem Schwert. Er kam nicht mit dem Ruf zur Einheit, sondern mit einer Botschaft, von der er wußte, daß sie das Volk scheiden werde, und er zögerte nicht, diese Tatsache zu verkündigen:

„Ich bin nicht gekommen, Frieden zu bringen, sondern das Schwert" (Matth. 10,34).

„Ich bin gekommen, Feuer auf die Erde zu schleudern" (Luk. 12,49).

„Meinet ihr, daß ich gekommen sei, Frieden zu spenden auf Erden? Nein, ich sage euch, sondern eher Zwietracht" (Luk. 12,51).

Natürlich wollte Jesus Frieden und Einheit bringen, aber zuvor das Schwert. Das Wort, das aus seinem Munde ging, mußte sein Werk tun. Es würde durchdringen und Seele und Geist, Mark und Bein scheiden. Es würde hineinfahren in die Unwahrhaftigkeit und Religiosität jener Zeit und das Echte vom Unechten trennen, den Weizen von der Spreu, und die Gedanken und Motive des menschlichen Herzens bloßlegen. Jesus und seine Botschaft vom Reich Gottes würden der Prüfstein für Glauben und Charakter sein.

Unsere gespaltene Christenheit braucht keinen weiteren Ruf zur Einheit. Sie braucht das „Schwert", das hineinfährt in all unsere vergeblichen Anstrengungen, das flicken zu wollen, was nicht mehr zu flicken ist, das zu vereinigen, was unvereinbar ist. Wir brauchen ein scharfes Wort, das die Kirche mit der Herrschaft Gottes konfrontiert. Nicht nur ein Wort für den traditionellen Kirchgänger, sondern ein Wort, das ebenso das Herz der Evangelikalen, der Pfingstler und Charismatiker trifft. Die einen werden offen dafür sein, andere werden widerstehen, aber bei allen werden die Gedanken ihres Herzens offenbar werden. Nur das „Schwert" kann sich einen Weg bahnen, um die wahre Einheit der Gemeinde zu erreichen.

Ich sehe keine Zukunft für die Denominationen, weil ich sie in Gottes Plan nicht finden kann. Sie sind unvereinbar mit seiner erklärten Absicht für seine Gemeinde in diesem Zeitalter. Aber ich sehe eine herrliche Zukunft für das Volk Gottes, von dem sich viele gegenwärtig in Denominationen befinden. Manche von denen, die diese Seiten lesen, sollten ihre Kirchen verlassen, mit denen sie verbunden sind, und Gott ernstlich suchen, um herauszufinden, wo er sie einpflanzen möchte. Es gibt aber auch andere, die hinausgehen möchten, denen man aber raten sollte zu bleiben, wo sie sind. Hier ein paar wegweisende Grundsätze.

Bleiben, wo man ist …

1. … wenn die Gesinnung desjenigen, der die Gemeinde verlassen möchte, falsch ist. Wer den Leitern oder Ältesten der Gemeinde gegenüber verbittert ist oder sich gegen sie auflehnt, sollte zurückgeschickt werden, um sich ihnen unterzuordnen und seine Gesinnung zu ändern.

Am Schluß eines Hauskreises in Devon bemerkte eine Dame, die zur Pfingstgemeinde gehörte, mir gegenüber: „Wenn mein Pastor wüßte, daß ich hier bin, bekäme ich Schwierigkeiten."

„Wieso das?" fragte ich.

„Er hat uns verboten, an den Versammlungen der Hausgemeinden teilzunehmen."

„Was tun Sie dann hier?" fragte ich.

„Oh", erwiderte sie, „ich komme, um geistliche Nahrung zu erhalten. Ich werde gesegnet hier!"

Ich sagte ihr, daß sie, wenn sie ein Mitglied der

Pfingstgemeinde sei, denen gehorchen solle, die ihr vom Herrn übergeordnet seien, wie das Wort Gottes es anordnet.

2. ... wenn jemand aus dem Motiv heraus, daß das Alte langweilig ist, die Gemeinde verlassen will, oder wenn er wie die Athener immer „etwas Neues" geboten haben möchte. Wie die Gottesdienstbesucher, die nur Predigten „kosten" möchten, gibt es auch solche, die Gemeinden „kosten" wollen. Gleich Hummeln fliegen sie von Blume zu Blume mit dem Vorsatz, sich auf der niederzulassen, die ihnen am besten gefällt. Es ist nötig, daß sie wissen, wohin sie gehören, und „dort blühen, wohin sie gepflanzt worden sind."

3. ... wenn jemand sich im Hinblick auf die Kirchen- oder Gemeindezugehörigkeit von Bequemlichkeit und Zweckmäßigkeit leiten läßt. Diese Leute tappen vollkommen im Dunkeln, was die Grundsätze neutestamentlichen Gemeindelebens anbelangt. Aus welchem Grund sie auch einen Wechsel ihrer Gemeinde in Erwägung ziehen, es fehlt ihnen an dem einen, was not ist, nämlich einer persönlichen Überzeugung auf biblischer Grundlage.

Komm heraus ...

1. ... wenn ein Gläubiger in einer Gemeinde ist, die vorgibt, eine zu sein, deren Mitglieder aber nur Namenschristen sind und deren Geistlicher sich nicht als jemand erweist, der Leben aus Gott hat. Dann sollte der Gläubige seinen religiösen Club verlassen und eine Gemeinde suchen, eine echte Gemeinschaft von Gotteskindern. Sein Austritt bedeutet ebensowenig eine Spaltung des Leibes Christi, wie wenn er aus dem Rotary-Club oder der Freimaurerloge austreten würde.

2. … wenn das Gewissen des Gläubigen durch Lehren oder Praktiken seiner Kirche belastet ist, weil er weiß, daß sie nicht schriftgemäß sind. Beschwichtigt er sein Gewissen, so betrübt er den Heiligen Geist. Die Folge wird sein, daß sein geistliches Leben darunter leidet.

3. … wenn sein Bleiben mit sich brächte, daß er eine geistliche Wahrheit oder Erfahrung, die Teil seines geistlichen Lebens geworden ist, verleugnen müßte. Viele, die wirklich durch die Charismatische Bewegung gesegnet wurden, sind ausgetrocknet und haben im Grunde genommen verloren, was sie empfangen hatten, weil sie in einer Kirche blieben, die ihre Erfahrung, wenn nicht offen leugnete, so doch mit Sicherheit nicht guthieß. Wenn ihnen geraten wurde: „Bleibt auf jeden Fall, wo ihr seid", tragen die, welche ihnen diesen Rat gegeben haben, einen Teil Schuld am geistlichen Zustand dieser Geschwister.

4. … wenn das höchste Streben eines Gläubigen ist, mit Gott vorwärtszugehen, er aber ständig durch seinen kirchlichen Hintergrund daran gehindert wird. Wenn zum Beispiel die Unterweisung seine Bedürfnisse nicht stillt und die Kirche keine Möglichkeit schafft, die Gaben, die Gott ihm gegeben hat, zu entwickeln und er selbst nicht zur Reife kommen kann, wäre er gut beraten, sich selbst vor Gott zu fragen, ob diese Gemeinde wirklich der Platz ist, an den er gehört.

Diese letztgenannte Situation kann bedeuten, daß Gott von einem Gläubigen verlangt, zu bleiben, wo er ist, und im Glauben auszuhalten, bis eine Änderung eintritt. Aber wenn nach einem angemessenen Zeitraum keine Änderung abzusehen ist und er nicht wirklich im Glauben damit rechnet, sollte er bereit sein zu gehen. Bevor ein Gläubiger seine Gemeinde verläßt, ist es nicht mehr als recht und billig, dem Pastor oder Gemeindeleiter die Gründe für seine Entscheidung ausführlich und ehrlich darzulegen.

Mit Gott vorwärtsgehen

Wie wir bereits erwähnt haben, scheidet die Wahrheit. Die Wahrheit über die neutestamentliche Gemeinde scheidet Gläubige, die entschlossen sind, das in Anspruch zu nehmen, was Gott ihnen gezeigt hat, von anderen, die es nicht so wichtig nehmen und deshalb vorziehen, zu bleiben, wo sie sind und weiterzumachen wie bisher. Das ist ein wesentlicher Grund für den raschen Rückgang der Charismatischen Bewegung in den USA und Großbritannien. Das Wichtigste an einer geistlichen Bewegung ist, daß sie weitergeht. Die Charismatische Bewegung ging im Glauben und Gehorsam vorwärts, um ihr Erbe in der Geistestaufe und den Gaben des Geistes in Besitz zu nehmen. Dann kam der Zeitpunkt, wo unsichere Gemeindestrukturen, die für die Gaben, die Gott gegeben hatte, keine Entfaltungsmöglichkeiten boten, in Frage gestellt werden mußten. Es war eine Herausforderung zu einer kompromißlosen Reformation und Wiederherstellung, das hinauszuwerfen, was nicht hineingehörte, und Mauern wieder aufzubauen, die abgerissen worden waren. So wichtig es war, die Geistesgaben zurückzuerlangen, bedeutete dies doch nur einen Schritt auf dem Weg zur Wiederherstellung der Gemeinde des neutestamentlichen Christentums. Es sollte noch viel mehr folgen, aber die Charismatische Erneuerungsbewegung schrie: „Halt!" Ihre Führer waren nicht bereit, den nächsten Schritt zu tun.

Es gab jedoch auch solche, die entschlossen waren, ohne Rücksicht auf Verluste vorwärtszustürmen. Ironischerweise wurden sie als solche angesehen, die aus der

Reihe tanzten, und beschuldigt, den Leib Christi zerteilen zu wollen. Während der Wüstenwanderung leitete Gott die Israeliten durch die Wolkensäule. Wenn sie stehenblieb, schlugen sie ihr Lager auf, und wenn sie sich weiterbewegte, zogen auch sie weiter. Wir stellen uns vor, die Wolke führt sie zu einer schönen Oase und verharrt dort eine Weile. Als sie sich schließlich von dort weiterbewegt, entsteht ein Zwiespalt im Lager. Die Mehrzahl findet, sie seien weit genug gereist. Sie weigern sich weiterzuziehen. Die anderen packen ihre Sachen zusammen und ziehen mit der Wolkensäule. Wer – meinen Sie – ist für die Trennung verantwortlich zu machen?

Wir müssen weitergehen, weil die Wolke sich weiterbewegt. Wenn wir stehenbleiben, stagniert alles. Wenn wir in einer festen Form erstarren, werden wir bald versteinern. Die Schicksalsstunde, in der wir leben, braucht Männer und Frauen vom Format eines Kaleb und Josua. Sie mögen eine winzige Minderheit gewesen sein, aber sie folgten dem Herrn von ganzem Herzen und kamen in das Land, während alle übrigen in der Wüste umkamen. Probleme waren Kalebs Spezialität. Wenn er eine starke Bergfestung sah, bat er Gott nicht um einen Weg, der um sie herumführte, er sagte: „*Die* möchte ich haben! Gib mir *diese* als mein Erbe!" Mit Gott weiterzuziehen bedeutet, Berge zu bezwingen.

„Ich kann mich mit so vielem, was Sie sagen, identifizieren. Alles, was ich in meiner Gemeindesituation tun konnte, habe ich getan. Ich fürchte, bei uns wird sich nie etwas ändern. Aber was soll ich tun? Ich kenne keine bessere hier im Umkreis." Ist das Ihre Situation? Dann befehlen Sie Gott dieses Problem an. Er wird Ihnen bestimmt seinen Weg zeigen. Es kann sein, daß er ein Wunder an Ihrem Ort tut. Oder er sagt Ihnen, daß Sie von dort weg an einen Ort ziehen sollen, den er für sie vorbereitet hat.

„Aber das würde ja bedeuten, meinen Arbeitsplatz aufzugeben, und Sie wissen doch, was es heutzutage bedeutet, einen neuen zu finden. Ich müßte alles verkaufen, und wir sind doch so gemütlich eingerichtet. Es würde auch bedeuten, Freunde und Verwandte zu verlassen und einer unbekannten Zukunft entgegenzugehen."

„Entschuldigen Sie, aber ich dachte, Sie seien ein Nachkomme Abrahams. Lassen wir das!"

DAS VERSAGEN DER ERSTEN GEMEINDE

Jerusalem, das Thema der Psalmisten und Propheten, wird uns im Alten Testament als das göttliche Zentrum auf Erden vorgestellt. Ähnlich war diese Stadt im Neuen Testament der Mittelpunkt des Wirkungskreises Jesu auf Erden. Es war in Jerusalem, wo sich das gewaltige Erlösungsdrama abspielte. Und es war in Jerusalem, wo die Jünger anfangen sollten, Zeugen von Jesus zu sein, und von dort die ganze Welt mit ihrer Botschaft zu erreichen.

Wenn wir jedoch die Apostelgeschichte durchlesen, bemerken wir, daß schon bald eine Veränderung eintrat. Das Zentrum ist nicht mehr die jüdische Hauptstadt, sondern eine syrische Stadt, die an keiner Stelle des Alten Testaments erwähnt wird. Von Jerusalem ging der Schwerpunkt auf Antiochien über. Gleichzeitig schwenkte der Scheinwerfer um, von Petrus, dem bedeutendsten Jünger der Zwölf, dem Jesus die Schlüssel des Himmelreiches anvertraut hatte, zu Paulus, dem bekehrten Juden aus Cilicien. Der Wechsel wird nicht erklärt. Wir müssen es dem unergründlichen Ratschluß Gottes überlassen, der keine Rechenschaft über sein Handeln ablegt. Oder könnte es mit der Überschrift dieses Kapitels zusammenhängen?

Der Maßstab für den Erfolg

Die ersten Kapitel der Apostelgeschichte bilden einen

einzigen Erfolgsbericht, der in den Annalen der Kirchengeschichte nicht seinesgleichen hat. Die unvorstellbare Taufe mit Wind und Feuer an Pfingsten, die spontane Predigt, die dreitausend Bekehrte zur Folge hatte, das Heilungswunder an der „Schönen Tür” des Tempels, das furchtlose Bekenntnis der Apostel vor dem Hohen Rat, die Vielzahl der Heilungen auf den Straßen, Gefängnistore, die sich öffneten – es war die unwiderstehliche Flut des Geistes, die alles mit sich riß. Welch eine Kraft! Welch ein Widerstand! Welche Siege! Wir sind begeistert, wenn wir von der rapiden Zunahme der Gläubigen in Jerusalem lesen. Sogar eine große Anzahl Priester wurden dem Glauben gehorsam. „Nun, wenn das ‚Versagen' bedeutet", werden wir einwenden, „möge uns der Herr recht viel davon geben!" Doch was ist der entscheidende Prüfstein für Erfolg oder Mißerfolg?

Apostelgeschichte 1 berichtet, wie Jesus seinen Aposteln den Missionsbefehl – wie er später bezeichnet wurde – gab. Der übrige Teil des Buches ist im Grunde der Bericht davon, wie sie ihn ausführten. Zuerst müssen wir uns den Wortlaut dieses Auftrags ansehen und herausfinden, wie die erste Gemeinde ihn erfüllte, bevor wir den Bericht uneingeschränkt als Erfolg bezeichnen können.

Wie war der genaue Wortlaut? Als Jesus seinen Jüngern nach seiner Auferstehung erschien, kam er bei vier verschiedenen Gelegenheiten darauf zu sprechen. Die Apostel konnten also nicht im Zweifel darüber sein, was ihr Herr wirklich gesagt hatte.

Nach Matthäus 28,19: „Gehet hin und machet zu Jüngern alle Völker."

Nach Markus 16,15: „Gehet hin in alle Welt und predigt das Evangelium der ganzen Schöpfung."

Nach Lukas 24,47: „Buße zur Vergebung der Sünden soll gepredigt werden unter allen Völkern. Fanget an in Jerusalem."

Nach Apostelgeschichte 1,8: „Ihr werdet Zeugen für mich sein in Jerusalem und in ganz Judäa und Samaria und bis ans Ende der Erde!"

Es geht um drei Tatsachen. Erstens sollte ihr Zeugnis in Jerusalem beginnen. Zweitens sollte es sich ausbreiten, immer größere Kreise ziehen, bis hin zum Ende der Erde. Schließlich sollten drittens alle Nationen, also die ganze Menschheit, erreicht werden.

Der große Wendepunkt

Wie erfüllten die Jünger den Missionsbefehl? Was die erste Phase anbelangt – wunderbar. Nach ganz kurzer Zeit zählte die Gemeinde in Jerusalem viele Tausende. Dann gab es anscheinend ein eigenartiges, unerklärliches Zögern, in den zweiten und dritten Gang hinaufzuschalten, also von Jerusalem in die Gebiete von Judäa und Samaria zu gehen, wie Jesus es befohlen hatte. Nicht einmal die kurzen, scharfen Ausbrüche der Verfolgung konnten sie dazu veranlassen. Die Gemeinde war in Gefahr, nach innen zu schauen. An diesem Punkt schien den Aposteln jeglicher Unternehmungsgeist abzugehen. Sie wurden in der nächsten Phase zwar noch gebraucht, aber nicht als Vorkämpfer.

Ein neues Gremium von leitenden Brüdern – die Sieben (Apg. 6,5) – wurden ernannt. Sie sollten den Witwen dienen. Aber Gott hatte etwas viel Größeres im Sinn. Unter diesen sieben Männern ragte Stephanus heraus, dessen Dienst zum Angel- und Ausgangspunkt für einen ganz neuen Vorstoß wurde.

War jemals in einem Menschen, außer dem vollkommenen Sohn Gottes, solche Reinheit des Geistes, solche himmlische Gnade und ein solcher Feuereifer zu finden wie bei Stephanus? Hier haben wir einen echten Radikalen des Reiches Gottes, der wie ein leuchtender Stern den östlichen Himmel überstrahlte, nicht um – wie ein Meteor – wieder zu verschwinden und für immer ausgelöscht zu sein, sondern um denen, die folgen sollten, Licht, Wärme und Inspiration zu spenden.

Nach Christus steht Stephanus im Neuen Testament einzigartig da, als ein Mann „voll heiligen Geistes". Wenn andere „erfüllt" wurden, so *war* Stephanus *allezeit erfüllt* (Apg. 6,3.5.8; 7,55). „Er war voll heiligen Geistes und Weisheit", wie die anderen sechs, die mit ihm ernannt worden waren, aber er war auch „voll Glaubens und heiligen Geistes." Und dann, auf dem Höhepunkt seines Dienstes, war er „voll Gnade und Kraft". Wie bei den Aposteln, war sein Zeugnis mit großen Wundern und Zeichen verbunden.

Seine größte Stunde

Durch den kraftvollen Dienst des Stephanus wurde im „Kessel" des Judentums das aufgewühlt, was sich so schön gesetzt hatte. Verschiedene religiöse Gruppen standen gegen Stephanus auf, doch niemand konnte dem Geist und der Wahrheit widerstehen, mit denen er sprach. Er wurde vor den Hohen Rat gestellt, um auf die falschen Anschuldigungen, die gegen ihn vorgebracht worden waren, Rede und Antwort zu stehen. Als Petrus und Johannes vor den gleichen Hohen Rat zitiert worden waren, hatte der Mann, der durch sie geheilt worden war, bei ihnen gestanden. Doch bei Stephanus stand niemand. Er war allein – und doch nicht allein!

Welch eine Szene in diesem Gerichtssaal! Stephanus,

dessen Gesicht leuchtete wie das eines Engels, hielt seine „Verteidigungsrede", ohne sich zu verteidigen. Seine Verteidigung war ein einziger Angriff. Sie verstanden nicht, daß er die Geschichte ihres Volkes als Schwert benutzte, bis er sie am Ende damit durchbohrte. Sie hatten ihre Plätze als selbstbewußte Pharisäer und Sadduzäer eingenommen, aber als Stephanus sie des Widerstrebens gegen den Heiligen Geist beschuldigte und sie des Mordes an ihrem Messias bezichtigte, war der Raum plötzlich wie von wilden Stieren erfüllt.

Sprachlos vor Zorn knirschten sie mit den Zähnen, doch kein Wort kam über ihre Lippen. Stephanus, völlig vom Heiligen Geist in Beschlag genommen, war für das, was um ihn herum vorging, blind. „Siehe", rief er aus, „ich sehe den Himmel offen und des Menschen Sohn zur Rechten Gottes stehen!" (Apg. 7,56), so als sei der erhöhte Christus eben von seinem Thron aufgestanden, um seinen treuen Diener zu begrüßen und zu ehren. Seine Hörer hatten inzwischen jede Selbstbeherrschung verloren. Sie hielten sich die Ohren zu, schrien mit lauter Stimme und stürzten sich auf ihn, schleiften ihn zur Stadt hinaus und steinigten ihn zu Tode.

Wozu diese Vergeudung?

Ja, wozu? Wo doch hier ein Mann auf dem Höhepunkt seines Dienstes angelangt war? Weder das kostbare Salböl, das verschwenderisch auf das Haupt Jesu ausgegossen wurde, noch ein kostbares Leben, wie das des Stephanus, das anscheinend im Dienst „vergeudet" wurde, ist bei Gott Verschwendung. Der Himmel hat einen anderen Wertmaßstab:

„Wenn das Weizenkorn nicht in die Erde fällt und erstirbt, so bleibt es allein; wenn es aber erstirbt, so bringt es viele Frucht. Wer seine Seele liebt, der wird sie verlieren; wer aber seine Seele in dieser Welt haßt, wird sie zum ewigen Leben bewahren" (Joh. 12,24+25).

Als liebevolle Hände den Leichnam, der grün und blau geschlagen und bis zur Unkenntlichkeit zugerichtet war, zu einem irdischen Ruheplatz trugen, wer hätte sich da wohl vorstellen können, wie gewaltig die Ernte sein würde? Radikale bringen immer Radikale hervor. In das Herz eines jungen Mannes, der die Kleider der Juden, die Stephanus steinigten, zu bewachen hatte, fiel ein Saatkorn. So sehr er sich auch bemühte, er konnte nicht aus seinem Gedächtnis auslöschen, was er an jenem Tag gesehen und gehört hatte: dieses Gesicht, auf dem der Glanz himmlischer Herrlichkeit lag, und die flehentliche Bitte um Vergebung für die Mörder.

Jeder Schritt des Saulus auf dem Mordpfad ließ die Widerhaken tiefer eindringen, bis er plötzlich von einem „Licht vom Himmel" getroffen wurde, das heller leuchtete als die Mittagssonne. In diesem Augenblick warf er sein Leben rückhaltlos zu den Füßen Jesu, um als sein erwähltes Gefäß seinen Namen bis zu den Enden der Erde zu tragen. Schließlich würde auch er sein Leben in einem römischen Gefängnis als Trankopfer darbringen, wie Stephanus es getan hatte.

Wie viele sind durch Stephanus' Leben und seinen Tod zu radikaler Entschiedenheit inspiriert worden! Das Zeugnis für alle Völker, das dem „Ende" vorausgeht, wird dazu führen, daß sich noch viele andere der Stephanus-Kompanie anschließen. Es werden solche sein, die überwinden „durch des Lammes Blut und durch das Wort ihres Zeugnisses und die ihr Leben nicht geliebt haben bis in den Tod" (Offb. 12,11). Und an jenem herrlichen Tag des Triumphes wird Stephanus dort unter den Siegern sein, der erste und größte jener „edlen Armee von Märtyrern".

Der Durchbruch in Samaria

Die Steinigung des Stephanus löste nicht nur eine Verfolgungswelle gegen die Gemeinde in Jerusalem aus, sondern auch eine große geistliche Bewegung, die das Wort Gottes weitertrug. Alle, außer den Aposteln, waren über Judäa und Samaria verstreut, und sie predigten das Wort, wohin sie kamen (Apg. 8,1.4), ohne Zweifel inspiriert durch das Zeugnis des Stephanus. Aber warum nur blieben die Apostel da, wo sie waren, während doch alle anderen sich aufmachten, um in den Gebieten ringsumher die Frohe Botschaft zu verkündigen? Warteten sie auf ein Wort der Weisung? Jesus hatte es ihnen bereits gegeben: „Wenn sie euch aber in der einen Stadt verfolgen, so fliehet in eine andere" (Matth. 10,23). Dabei ging es nicht so sehr um die Sicherheit ihrer eigenen Haut als um die Ausbreitung der guten Botschaft. Später sehen wir bei Paulus, wie er diese Anordnung genau befolgte.

So versagten also die Zwölf in erster Linie darin, daß sie das Evangelium nicht nach Judäa und Samaria brachten, wie Jesus es ihnen geboten hatte. In diesem Fall geschah die Ausbreitung des Evangeliums durch die Gläubigen, die zerstreut waren, und insbesondere durch das Zeugnis eines Mannes. Philippus war einer der sieben Diakone gewesen und daher ein vertrauter Mitarbeiter des Stephanus. Was Gott in und durch seinen Bruder getan hatte, der so plötzlich und gewalttätig hinweggenommen worden war, hatte eine unauslöschliche Flamme in seinem Herzen entzündet. Stephanus war nicht mehr da, aber hier war ein Mann, der nach dessen Tod nicht mehr der gleiche war wie vorher.

Philippus verließ Jerusalem und ging hinunter nach Samaria (Apg. 8,5-25). Sein Gehorsam Gott gegenüber stürzte ihn in einen neuen Dienst für Gott. Aus Philippus, der bei Tisch diente, wurde Philippus, der Evangelist. Gottes Kraft war in ihm, so daß viele Samariter bekehrt, von bösen Geistern frei und geheilt wurden. „Samaria hat das Wort Gottes angenommen", war die begeisterte Botschaft, die die Hauptstadt erreichte. Die Apostel jedoch hatten nichts mit dem Durchbruch zu tun gehabt.

Erinnerte sie wohl diese Neuigkeit an den Befehl ihres Meisters: „Jerusalem ... Judäa ... Samarien"? Wurden sie dadurch wachgerüttelt, ihre Segel zu hissen und mit Gott hinauszuziehen? Nein, sie waren damit zufrieden, eine Zwei-Mann-Delegation, Petrus und Johannes, hinzusenden, um die samaritischen Bekehrten in die Fülle des Geistes hineinzubringen und in vielen samaritischen Dörfern zu predigen. Und zogen sie dann weiter in die umliegenden Gebiete? Nein – sie kehrten zurück nach Jerusalem.

Der erste Missionar nach Afrika

Die Erweckung in Samaria war voll im Gange, als Gott ein Neues wirkte – ohne Mitwirkung der Apostel. Ein einflußreicher jüdischer Proselyt, Schatzkanzler der äthiopischen Königin und auf der Suche nach Gott, war in Jerusalem gewesen und befand sich nun auf dem Heimweg. Dieser wertvolle „Fisch", der darauf wartete, gefangen zu werden, war den Jerusalemern glatt durch das Netz geschlüpft. Wäre das auch in der Zeit nach Pfingsten geschehen, als die ganze Stadt so intensiv die Gegenwart Gottes empfunden hatte?

Obwohl Philippus in Samaria, 45 Kilometer nördlich von Jerusalem, zu tun hatte, sandte Gott einen Engel, der ihm ausrichtete, er solle alles liegen und stehen lassen und sich in südlicher Richtung auf den Weg machen, an Jerusalem vorbei, wo die Apostel damit beschäftigt waren, „die Stellung zu halten". Er ging etwa 150 Kilometer weiter nach Südwesten, nach Gaza. Und bei alledem wurde ihm kein Grund genannt. Philippus gehorchte. Das war bezeichnend. Er führte den äthiopischen Eunuch zum Glauben an Christus, taufte ihn und schickte ihn auf den Weg, die Botschaft nach Afrika zu bringen. „Er zog seine Straße fröhlich." Durch ein himmlisches Transportmittel wurde Philippus an seinen nächsten Bestimmungsort gebracht. Und das war nicht Jerusalem!

„Alle Völker" bedeutet „die Heiden"

Endlich machte sich auch Petrus auf den Weg durchs Land (Apg. 9,32-43). Wunder geschahen wieder wie früher: eine Totenauferweckung in Joppe, eine bemerkenswerte Heilung in Lydda. Alles zusammen führte dazu, daß sich viele bekehrten. Jetzt, da Gott Petrus aus Jerusalem herausbrachte, war der Zeitpunkt für einen neuen, bedeutsamen Durchbruch gekommen. Der Mann mit den „Schlüsseln für das Himmelreich", der einen davon benutzt hatte, um an Pfingsten die Tür für die Juden aufzuschließen, wird nun einen anderen gebrauchen, um die Tür für die Heiden aufzuschließen.

Die Vision des Petrus ist uns bekannt, ebenso die folgende wunderbare Ausgießung des Geistes. Die einleitenden Worte, die Petrus an Kornelius richtete, sind aufschlußreich: „Ihr wißt, daß es einem jüdischen Manne nicht erlaubt ist, mit einem Ausländer zu verkehren oder sich ihm zu nahen; aber mir hat Gott gezeigt, daß ich keinen Menschen gemein oder unrein nennen soll" (Apg. 10,28). Dies verrät die Einstellung der Apostel in Jerusalem etwa acht Jahre nach Pfingsten. Sie brauchten diese besondere Offenbarung, um zu verstehen, daß bei dem Befehl, „alle Völker" zu Jüngern zu machen, die Heiden gemeint waren.

Da die Führer der Gemeinde noch immer in jüdischen Vorurteilen gefangen waren, ist es nicht verwunderlich, daß die Gemeindeglieder nicht damit rechneten, die Heiden könnten auch berufen sein. Diese jüdischen Gläubigen, die mit Petrus aus Joppe kamen, waren *erstaunt,* „daß die Gabe des heiligen Geistes *auch über die Heiden* ausgegossen wurde" (Apg. 10,45). Es war schon etwas, daß Gott jene Mischlinge, die Samariter, gesegnet hatte – die hatten immerhin noch etwas jüdisches Blut in den Adern – aber eine Ausgießung *auf die Heiden,* das war verblüffend.

Die Neuigkeit, daß „die Heiden auch das Wort Gottes angenommen hatten", erreichte Jerusalem. Diese Nachricht schien keine große Freude auszulösen. Die, die in der Tradition der Beschneidung standen, nahmen sie mit Mißtrauen und Kritik auf, und Petrus wurde bei seiner Ankunft zurechtgewiesen und aufgefordert, Rechenschaft über sein Handeln abzulegen. „Du bist in das Haus eines Unbeschnittenen gegangen und hast mit ihm gegessen!" Ein Glück, daß Petrus eine handfeste Begründung hatte. Er konnte sagen: „Schiebt nicht mir die Schuld in die Schuhe! Dafür ist Gott verantwortlich!"

Was also war mit der Gemeinde in Jerusalem geschehen? Sie hatte zweifellos versäumt, nach dem großen, weltweiten Plan Jesu Christi vorwärtszugehen. Doch jetzt können wir den eigentlichen Grund, der dahinter steht, ausmachen: Die jüdische Gesetzlichkeit war nicht ausgeräumt worden. Dieser „Vogel" war nicht abgeschossen worden und hatte sich nun wieder zu Hause eingenistet. Es gab jetzt eine Partei in der Gemeinde, die für die Beschneidung war, und sie war stark genug, die Handlung eines führenden Apostels wie Petrus anzufechten. Weil die Apostel sich selbst nicht im klaren gewesen waren über die Frage des Judaismus, waren sie nicht in der Lage, durch eine klare Belehrung die Meinung in der Gemeinde zu formen.

Gott greift ein

Während sich die Apostel in Jerusalem kaum dazu aufraffen konnten, auszuziehen und das Evangelium zu verkündigen, handelte Gott rasch und souverän. Nach dem Märtyrertod des Stephanus hält er den Mann, den er vorherbestimmt hatte, die Fackel weiterzutragen, auf seinem Weg auf und bringt ihn zur Bekehrung. Was für einen Mann hat Gott erwählt? Er, dessen Wege nicht die unsrigen sind, hatte einen Pharisäer ausgewählt, der ein so fanatischer Jude war, wie keiner der Zwölf es je gewesen war. Später sagte er selbst: „... viele meiner Altersgenossen in meinem Volk übertraf ich durch übermäßigen Eifer für die Überlieferungen meiner Väter" (Gal. 1,14).

Aber Gott war entschlossen, ein radikales Werk im Leben dieses Mannes zu tun, um das Judentum aus seinem System herauszureißen. Daher berichtet er, daß er nach seiner Bekehrung *sich nicht mit Fleisch und Blut beraten habe. „Ich zog auch nicht nach Jerusalem hinauf zu denen, die vor mir Apostel waren,* sondern ging weg nach Arabien" (Gal. 1,17). Es gab offensichtlich keinen, den Gott damit beauftragen konnte, diesem Neubekehrten die Botschaft der Gnade unbeeinflußt von Gesetzlichkeit mitzuteilen, und so übernahm es Gott selbst, ihn zu schulen. Drei volle Jahre verstrichen, bis Paulus einen der Jerusalemer Apostel zu Gesicht bekam (Gal. 1,18-19). Gott war dabei, ein neues Werkzeug für ein neues Werk zuzubereiten, und dazu brauchte er auch ein neues Zentrum.

Gottes Handeln im Widerspruch zu menschlichen Überlegungen

Gott war schon längst am Werk, in einem ganz anderen Gebiet die jüdischen Vorurteile abzubauen. Er hatte nicht auf den „Mann mit den Schlüsseln" gewartet. Weit weg in Syrien hatte er einen „inoffiziellen" Durchbruch in die Wege geleitet, sogar noch vor dem „offiziellen" im Hause des Kornelius. Auch dieses Geschehen kann als unmittelbare Folge der spontanen Ausbreitung des Evangeliums nach dem Zeugnis und Märtyrertod des Stephanus gesehen werden.

„Die nun, welche sich zerstreut hatten seit der Verfolgung, die sich wegen Stephanus erhoben hatte, zogen bis nach Phönizien und Cypern und Antiochia und redeten das Wort zu niemand, als nur zu Juden. Es waren aber etliche unter ihnen, Cyprier und Kyrenäer, die, als sie nach Antiochia kamen, *auch zu den Griechen redeten* und ihnen das Evangelium vom Herrn Jesus verkündigten. Und die Hand des Herrn war mit ihnen, und eine große Zahl wurde gläubig und bekehrte sich zum Herrn" (Apg. 11,19-21).

So waren es also Cyprier und Kyrenäer, die durch die „linientreuen" Gläubigen, den Zerstreuten von Jerusalem, zur Bekehrung geführt worden waren, die das Evangelium nach Antiochien brachten. Vielleicht hatte man ihnen nicht die Regeln eingeschärft: „Denkt daran, die Botschaft ist nur für die verlorenen Schafe vom Hause Israels!" Vielleicht ließen sie sich auch einfach von der Freude im Herrn fortreißen. Doch was auch immer der Grund gewesen sein mag, sie fingen an, auch zu den Griechen zu reden. Und so übertraten diese Jungbekehrten, weil sie es nicht besser wußten, die jüdischen Regeln und brachten einen Durchbruch für Gott zustande.

Die Kunde von dieser großen Bewegung drang nach Jerusalem durch, aber keiner der Zwölf machte sich auf, um diese Sache zu untersuchen oder Wegweisung zu geben. Statt dessen sandten sie Barnabas, und das Herz dieses guten Mannes, frei von jüdischen Vorurteilen, wurde bei dem, was er sah, von Freude erfüllt. Hilfe war dringend nötig. Es wäre naheliegend gewesen, zu den Aposteln zurückzukehren, aber er sagte sich: „Nein, ich glaube, Saulus ist der Mann für diese Situation." Vielleicht verstieß er damit ebenfalls gegen die Regeln – doch er brach nach Tarsus auf, um Saulus aufzusuchen. Mit ihm hatte Gott nun in Antiochien den neuen Mann im neuen Zentrum, und der Zeitpunkt für eine neue Erfüllung des Missionsbefehls war gekommen. Antiochien brachte sogar einen neuen, nichtjüdischen Namen für die Nachfolger Christi hervor: „Christen".

Angriff auf Antiochien

Durch Gottes radikale Behandlung stand für Paulus unzweideutig fest, daß die Beschneidung nicht erforderlich sei. So war die Gemeinde in Antiochien frei von Gesetzlichkeit und genoß volle Freiheit. Das paßte Satan nicht, und es dauerte nicht lange, bis er einen Angriff auf diese neue Freiheit startete: Lehrer aus Judäa kamen und bestanden darauf, man müsse, um gerettet zu sein, sich beschneiden lassen (Apg. 15,1-35). Paulus und Barnabas erhoben Einspruch, und es kam zu heftigen Auseinandersetzungen. Das führte zum Apostelkonzil in Jerusalem, auf dem beschlossen wurde, was Paulus jahrelang gelehrt und praktiziert hatte.

Für Paulus berührte diese Frage keine zweitrangige Angelegenheit, sondern den Kern des Evangeliums! (Gal. 1,6-9). Die Predigt von der Beschneidung war *„ein anderes Evangelium"*, und das bedeutete *in Wirklichkeit – überhaupt kein Evangelium.* Sie versuchten „das Evangelium zu verdrehen", und Paulus sah sie als „falsche Brüder" an und erklärte sie als „anathema" – verflucht. Er sagte: „... denen gaben wir auch nicht eine Stunde nach, daß wir uns ihnen unterworfen hätten, *damit die Wahrheit des Evangeliums bei euch bestehen bliebe"* (Gal. 2,5). Nichts weniger stand auf dem Spiel. Eins können wir aus dieser ganzen Angelegenheit lernen: Wie weit war doch die Muttergemeinde hinter der Tochtergemeinde in Antiochien zurückgeblieben! Und der Grund? Die Gesetzlichkeit, die sich ausbreitete wie der Krebs.

Kraftprobe in Antiochien

Bald darauf unternahm Petrus seinen wahrscheinlich ersten und einzigen Besuch in Antiochien (Gal. 2,11-14). Das bedeutete keine ungetrübte Freude, denn Paulus hielt es für notwendig, Petrus öffentlich zurechtzuweisen. „Ich widerstand ihm ins Angesicht", erklärte er später, „denn er war im Unrecht." Zunächst wird Petrus bei seiner Ankunft in Antiochien wohl von der wesentlich entschiedeneren Art des Gemeindelebens dort, völlig losgelöst von jüdischer Tradition, überrascht gewesen sein. Die Frage, die Petrus beschäftigte, lautete wohl kaum: *„Was wird wohl Gott davon halten?"* sondern: „Wie wird wohl *Bruder Jakobus* darüber denken?" Jakobus war der anerkannte Führer unter den Aposteln in Jerusalem, und er scheint eine strenge Persönlichkeit gewesen zu sein. Zuerst aß Petrus zusammen mit den Heidenchristen, als aber „etliche von Jakobus kamen", um herauszufinden, was in Antiochien vorging, bekam Petrus „kalte Füße" und weigerte sich, weiterhin mit den Heidenchristen zu essen. Die anderen Juden schlossen sich ihm an, und selbst Barnabas ließ sich zur „Heuchelei" – wie es Paulus bezeichnete – verleiten.

Was stand hinter der inkonsequenten Handlungsweise des Petrus? Die kurze Bemerkung des Paulus sagt es deutlich: „... weil er die aus der Beschneidung fürchtete." Häufig steckt hinter der Gesetzlichkeit die übermäßige Sorge um das, was andere denken. Welch eine schleichende Gefahr ist doch die Gesetzlichkeit, daß sie sogar hervorragende Apostel wie Petrus und Barnabas vorübergehend verführen konnte!

Der Galaterbrief zeigt, wie sehr Paulus jede Form von Gesetzlichkeit bekämpfte. Er gebraucht eine harte Sprache. Die Galater bezeichnet er mit „unverständig" und „bezaubert", daß sie sich von den Vertretern des Judentums hatten beeinflussen lassen. Sie würden sich wieder den „schwachen und armseligen Elementen" zuwenden, ... um ihnen „von neuem zu dienen". Jeder, der durch das Gesetz gerecht werden wolle, sei „losgetrennt von Christus" ... und „aus der Gnade gefallen" (Gal. 3,1; 4,9; 5,4; 5,12). Im Hinblick auf die Lehrer der Beschneidung ruft er voll Zorn: „Ich wollte, daß sie sich auch abschnitten, die euch aufwiegeln!" (Gal. 5,12) Das empfinden wir nicht gerade als vornehme Zurückhaltung. Aber es war auch mehr als vornehme Zurückhaltung nötig, um die Verhältnisse in Galatien zu ordnen.

Das Ende der Gemeinde in Jerusalem

Einige Jahre später war Paulus zu seinem – wie es sich ergeben sollte – letzten Besuch in die jüdische Hauptstadt gekommen (Apg. 21,17-26). Jakobus und die anderen Leiter versicherten ihm: „Bruder, du siehst, wie viele Tausende von Juden gläubig geworden sind, und *alle sind Eiferer für das Gesetz.*" Dies wird bei Paulus wohl kaum Begeisterung ausgelöst haben. Hier, an der Wiege des Christentums, war das Judentum so fest verwurzelt wie eh und je. Es ist traurig, daß diese Führer den Apostel dazu brachten, sich gewissen Reinigungsriten im Tempel zu unterziehen, und das aus keinem anderen Grund, als dem, seinen jüdischen Verleumdern zu beweisen, daß die Gerüchte über ihn nicht der Wahrheit entsprächen. Paulus willigte ein, und das endete mit seiner Gefangennahme, seiner Haft und der endgültigen Überführung nach Rom. Mit diesem traurigen Gegensatz zu dem herrlichen Beginn zu Pfingsten, gewährt uns Lukas einen letzten Blick auf die erste christliche Gemeinde.

Wir sehen, worauf das Zögern der Gemeinde zurückzuführen ist, die Trennungslinie zwischen Judenchristen und Heidenchristen zu überschreiten und eine sterbende Welt mit dem Evangelium zu erreichen. Es war nicht Gleichgültigkeit oder der Mangel an Missionseifer. Die Gemeinde war im allgemeinen furchtlos in ihrem Zeugnis, denn Tausende aus dem Judentum hatten sich bekehrt. Der eigentliche Grund war das Widerstreben der Verantwortlichen, die Fesseln gänzlich zu sprengen, um für immer von der Gesetzlichkeit ihrer Vergangenheit frei zu werden. Über neunzehn Jahrhunderte sind seitdem verstrichen, und das Judentum ist heute für die Christenheit kein Problem mehr – die Gesetzlichkeit in ihren vielfältigen Formen jedoch noch immer. Aus diesem Grund stellt die Gemeinde des ersten Jahrhunderts eine Warnung für die Gemeinde des zwanzigsten Jahrhunderts dar.

Der Keim des Sektierertums

Es ist erschütternd zu sehen, daß der Ansatz zum Sektierertum schon damals zu Beginn des Christentums vorhanden war. Der Geist der Aufspaltung in Denominationen regte sich schon Jahrhunderte vor der Entstehung von Denominationen. Anfangs war es, wie wir gesehen haben, ein Überbleibsel aus dem Judentum, das seinen Ausdruck in einer Interessengruppe innerhalb der Gemeinde fand, die man „die von der Beschneidung" nannte. Wie Sauerteig durchdrang die Gesetzlichkeit das geistliche Leben der Gemeinde, unterminierte die Autorität der Apostel und erschwerte das Wachstum und das Zeugnis der Gemeinde.

Paulus warnte die Galater, daß diese Vertreter des Judentums nicht das Wohl der Gemeinde suchten: „Sie eifern um euch nicht in edler Weise, sondern wollen euch ausschließen, damit ihr um sie eifert" (Gal. 4,17). *Ihnen ging es um Anhänger,* und das Interesse an der eigenen Sache stand für sie im Vordergrund. Das ist charakteristisch für das Sektierertum. Wir müssen herausfinden, was hinter dem steckt, was Menschen vorgeben. Geht es ihnen um die Erhaltung des „Establishments", um die Fortsetzung menschlicher Traditionen, um die Pflege des Parteigeistes? Wer zu einer Gemeinde gehört, die den Anspruch erhebt, eine neutestamentliche Gemeinde zu sein, ist keineswegs immun gegenüber dieser Tendenz. Das Ziel, nach dem wir angeblich trachten – die Ehre des Herrn – kann fast unmerklich mit einem anderen vertauscht werden, das zwar gleich aussieht, aber aus der Wurzel des Selbstinteresses erwächst: die Vergrößerung *unserer* Gemeinde und die Förderung *unserer* Sache.

Wo ein sektiererischer Geist die Oberhand gewinnt, da gibt es wenig oder gar keine Einsicht in das, was Paulus so sehr am Herzen lag – die Einheit des Leibes Christi. In solchen Gemeinden wird man keine leidenschaftliche Liebe zu den „zerstreuten Kindern Gottes" empfinden, sie „in eins zusammenzubringen" (Joh. 11,52). Statt dessen wird man versuchen, die Aufspaltung in Denominationen oder die Trennung aus anderen Gründen zu verteidigen oder zu rechtfertigen. Wie schön, aber auch selten ist der reine Gehorsam Christus gegenüber, ungetrübt von selbstsüchtigen Interessen an der eigenen Sache, wie er für Paulus charakteristisch war. Während seiner Gefangenschaft in Rom gab es Verkündiger des Evangeliums, die von einem Parteigeist beseelt waren. Sie predigten „aus Neid und Streitsucht", um Paulus Kummer zu bereiten. Aber seine Reaktion war großartig: „Christus wird verkündigt, so freue ich mich darüber und will mich auch freuen!" (Phil. 1,18).

Die Elite

Sektierertum führt immer zu einer Elite-Gesinnung, und Jerusalem bildete da keine Ausnahme. Dabei ging es nicht um neue, überragende Geistlichkeit oder eine neue Offenbarung – „wir haben die Wahrheit für uns gepachtet" –, sondern um eine Vielfalt von Vorzügen:

„Wir haben die Traditionen, die Bündnisse, das Gesetz, die Schreiber der Heiligen Schriften und – vergeßt nicht: Christus selbst war ein Jude!" Die Nichtjuden, gerade erst bekehrt aus dem Heidentum, konnten doch wahrhaftig nicht in den gleichen Bund aufgenommen werden! Dies war der eigentliche Grund ihres Widerstrebens, den Nichtjuden das Evangelium zu bringen. Die gleiche Elite-Gesinnung liegt heute offensichtlich vor, wenn Menschen einen heimlichen Stolz auf altehrwürdige Traditionen ihrer Kirche hegen und neue Gemeinden, die Gott ins Leben gerufen hat, nicht von Herzen anerkennen können.

Paulus war auch einmal sehr stolz auf seinen religiösen Stammbaum gewesen: „... der ich am achten Tag beschnitten bin, aus dem Geschlecht Israel, vom Stamme Benjamin, ein Hebräer von Hebräern, nach dem Gesetz ein Pharisäer ..." (Phil. 3,5). Was hätte man mehr verlangen können? Aber durch die Gnade Gottes war dieser Stolz gründlich aus seinem Herzen ausgerottet worden. Jetzt würde er sein Vertrauen nicht mehr auf fleischliche, menschliche Vorzüge setzen. Alles, was vorher auf der Habenseite seines Kontos stand, erschien jetzt unter Soll. Wörtlich drückt er es so aus: „Aber was mir Gewinn war, das habe ich um Christi willen für Schaden gerechnet; ja, ich achte nun auch alles für Schaden gegenüber der alles übertreffenden Erkenntnis Christi Jesu, meines Herrn, um dessentwillen ich alles eingebüßt habe, und ich achte es für Unrat, damit ich Christus gewinne" (Phil. 3,7-8).

Das Versagen der Verantwortlichen

Wenn der Hirte vorangeht, werden die Schafe gewöhnlich folgen. Gott macht die Hirten in erster Linie für den

Zustand der Herde verantwortlich. Ein Versagen der Gemeinde ist ausnahmslos die Folge des Versagens der Leiter der Gemeinde. Wir können nicht der Beschneidungspartei in Jerusalem die Schuld geben. Wenn die ersten Apostel in ihrer Lehre und in ihrem Handeln so radikal gewesen wären wie Paulus, ist kaum anzunehmen, daß eine solche Partei jemals hätte entstehen können. Schließlich wurde dadurch die Autorität der Apostel untergraben und die Entwicklung der Gemeinde in Jerusalem gehemmt.

Die Wurzel dieses Problems war das *Widerstreben gegen eine Änderung*. Zuerst hatte es durch das plötzliche und kraftvolle Wirken des Heiligen Geistes große Veränderungen gegeben. Aber wo sollte das alles hinführen? Ging das nicht zu weit? Würden sie schließlich nicht ihr ganzes jüdisches Erbe verlieren? War es nicht von Gott gegeben – zumindest das meiste? Würden ihre Volksgenossen nicht denken, sie seien Heiden geworden, und würden sie dadurch nicht schwerer zu gewinnen sein? In solchen Situationen sind wir alle gut im Vernunftdenken. In der Charismatischen Bewegung hat es eine Menge Vernunftgründe gegeben, um den Widerstand gegen eine radikale Änderung zu rechtfertigen. In erster Linie trugen die Verantwortlichen die Schuld daran.

Wie haben wohl die Apostel vor sich selbst ihr Bleiben in Jerusalem gerechtfertigt, als die Gemeinde durch die Verfolgung zerstreut wurde? Vielleicht argumentierten sie so: „Wir brauchen uns durch diese Situation nicht unter Druck setzen zu lassen!" Aber wer stand in Wirklichkeit hinter diesem Druck? Haben sie sich mit dem Gedanken getröstet: „Es wäre ja viel einfacher zu gehen. Wir gehen den schweren Weg." Viele Geistliche haben mir gesagt, daß sie die neutestamentlichen Gemeinden um ihre Freiheit beneiden, aber daß sie sich gerufen fühlen, den schweren Weg zu gehen. Doch ob es einfacher ist auszuscheren, ist fraglich. Man müßte die fragen, die es getan haben. Aber das ist nicht das eigentliche Problem. Wir sollten nicht fragen: „Was ist der schwerste Weg?", sondern: „Was ist *der richtige Weg?*" – „Gehorsam ist besser als Opfer."

Wo ist die Salbung des Geistes?

Es gibt geistliche Führer, die überzeugt sind, daß sie sich da befinden, wo Gott sie haben will. Es gibt aber auch andere, die Gott seit einiger Zeit in Unruhe versetzt. Dieser zweiten Gruppe möchte ich sagen, daß Gott, wenn wir nicht auf seinen Druck reagieren, einen anderen Weg hat, mit uns zu reden. Wir sehen immer deutlicher, daß Gott nicht mehr so auf unserer Seite ist wie früher. Als die Apostel versäumt hatten, mit Gott weiterzuziehen, gebrauchte er sie noch immer in Maßen, aber sie standen nicht mehr in vorderster Front. Ihre Salbung war auf andere übergegangen, die mit Gott *vorangingen.*

Stephanus zog aus und nahm den Kampf im Lager des Feindes auf sich. Gottes Salbung war mächtig auf ihm. Philippus war Jesu Befehl gehorsam und brachte das Evangelium zu den verachteten Samaritern. Gott war mit ihm, und Samaria empfing das Wort Gottes. Als Petrus endlich auszog, kehrte die alte Kraft der ersten Zeit zurück. Heilungen, Wunder und eine große Ernte waren die Folge.

Es gibt heute geistliche Führer, die wie Simson sagen: „Ich will ausgehen wie zuvor", aber sie wissen nicht, daß sie ihre Salbung verloren haben. Eines Tages werden sie jemanden treffen, auf dem die Salbung ruht.

Oder sie werden in eine Situation hineinkommen, in der Gott mächtig wirkt. Dann wird es ihnen aufgehen, was sie verloren haben. Gott wird dieses Erlebnis benutzen, um sie erneut verlangend zu machen und sie aus ihrem alten Gleis herauszuheben. Der Ort der Salbung Gottes ist auch der Ort der Berufung Gottes.

Die Vielversprechenden

Junge Männer wie Stephanus und Philippus waren in der ersten Zeit nach Pfingsten unbekannt, aber Gott hatte sie als zukünftige Führer ausersehen. Er wußte, daß die Zeit kommen würde, da die älteren Führer „sich verschanzen" und nicht mehr mit ihm vorwärts gehen würden. Auf diese Weise würden sie zu einem „Korken in der Flasche", d.h. sie hemmten den Fortgang der Sache des Evangeliums. Unter den Lesern dieses Buches werden geistliche Führer von morgen sein. Gott erwartet von Ihnen, Ihren geistlichen Führern zu gehorchen und sie zu ehren, auch wenn Sie sie als „Korken" empfinden. Aber Sie brauchen sich nicht durch sie „verkorken" zu lassen. Weder Stephanus noch Philippus ließen das zu.

Wir lesen nicht, daß einer der verantwortlichen Brüder Stephanus angewiesen hätte, Zeichen und Wunder zu tun, oder mit denen zu disputieren, die sich dem Evangelisten widersetzten. Aber genausowenig sagte ihm jemand, er solle es nicht tun. Wir lesen nichts davon, daß einer der leitenden Brüder Philippus zu den Samaritern geschickt hätte, um ihnen das Evangelium zu verkündigen. Aber es wurde ihm auch nicht verwehrt. Beide Männer gehorchten einfach Gott. Entscheiden auch Sie sich dafür, Gott zu gehorchen. Wenn Ihnen dabei Führer im Wege stehen, sorgen Sie dafür, daß Ihre Einstellung richtig ist. Befehlen Sie Ihre Sache Gott an und warten Sie auf sein Handeln. Es kann sein, daß er die Führer aus dem Weg räumt oder Sie. In jedem Fall werden Sie mit Gott vorwärtsgehen.

Die anderen

Sie alle, die Sie sich keineswegs als angehender Stephanus oder Philippus empfinden, vielleicht auch wirklich keine Führungsgaben besitzen, Ihnen läßt Gott sagen, daß Sie ihm für das große Werk seines Reiches gleich wichtig und wertvoll wie jene ersten Apostel und Diakone sind. „Vielmehr sind gerade die scheinbar schwächeren Glieder des Leibes notwendig, und die wir für weniger ehrbar am Leibe halten, die umgehen wir mit desto größerer Ehre" (1. Kor. 12,22+23).

Denken Sie an die Tausende von Gläubigen, die in der Zeit der Verfolgung zerstreut wurden und deren Namen nur im Himmel aufgezeichnet sind. Sie zogen nicht in Panik aus, sondern in Frieden, nicht in Furcht, sondern im Glauben, nicht besiegt, sondern siegend. Es waren brennende Zeugen Jesu Christi, die das Evangelium nicht nur nach Judäa und Samaria brachten, sondern weit darüber hinaus. Weil sie mit Gott auszogen, war Gott mit ihnen. Sehen Sie zu, daß auch Sie mit Gott vorwärtsgehen.

Die evangelikalen Gläubigen, die spüren, daß sie nicht mehr so unter dem Segen des Herrn stehen wie in der Zeit nach ihrer Bekehrung, weist Gott an, mit ihm vorwärtszugehen und ihr Erbteil im Heiligen Geist in Besitz zu nehmen.

Vielleicht sind Sie Pfingstler oder Charismatiker und haben das Empfinden, die Frische und Kraft Ihrer Erfahrung mit dem Heiligen Geist verloren zu haben, und

Sie fragen sich, was der Grund sein könnte. Ist es vielleicht so, daß die Wolke von Gottes Gegenwart weitergezogen ist, Sie aber nicht? Sie müssen wieder unter die Wolke kommen. Bitten Sie Gott, Ihnen zu zeigen, wohin sie gezogen ist.

Die Botschaft dieses Kapitels ist die Gesetzlichkeit, die ein Hauptgrund dafür ist, daß hingegebene Gläubige es unterlassen, mit Gott weiterzuziehen, sowohl einzeln als auch gemeinsam. Im folgenden Kapitel wollen wir uns eingehender mit der Gesetzlichkeit befassen, diesem raffinierten Unterwanderer mit seinen mancherlei Erscheinungsformen, und herausfinden, wie wir sie überwinden können.

STOSSE DIE SKLAVIN AUS

Auf dem beschriebenen Hintergrund der ersten Gemeinde, wie die Apostelgeschichte zeigt, ist es bezeichnend, daß die sieben Briefe, die die Apostel in Jerusalem geschrieben haben, im Grunde genommen keine Lehre für die Gemeinde enthalten. Wenn wir uns jedoch den dreizehn Briefen des Apostels Paulus zuwenden, entdecken wir bald, daß es der radikale Apostel von Antiochien war, dessen Feder der Heilige Geist gebrauchte, um uns Gottes Gedanken über seine Gemeinde zu vermitteln. Paulus war der Mann, der eine totale Befreiung von der Gesetzlichkeit erlebt hatte, der große Gemeindegründer, der das Evangelium zu den weiter entfernt liegenden Gebieten brachte.

Gesetzlichkeit ist noch immer Satans wirksamstes Mittel, Werk und Zeugnis der Gemeinde zu unterwandern und zu unterminieren. Paulus geht gegen diese Gefahr in Galatien an. Deshalb werden wir uns in diesem Kapitel vor allem mit dem Brief an die Galater befassen. Wenn der Leser eine Viertelstunde erübrigen kann, sollte er sich diesen Brief an die Galater noch einmal durchlesen. Das wäre die beste Vorbereitung für die folgenden Ausführungen.

Die Galater, die sich aus dem Heidentum bekehrt hatten, wurden jetzt auf das Nebengleis des Judentums geschoben. „Wie möget ihr euch *wiederum* den schwachen und armseligen Elementen *zuwenden,* denen ihr von neuem dienen wollt?" fragt Paulus (Gal. 4,9). Aber wie konnten sie sich *wieder etwas zuwenden,* worin sie noch gar nicht gewesen waren? Ganz einfach: Die schwachen und armseligen Elemente sind nicht nur dem Judentum eigen. Alle Religionen der Welt, abgesehen vom Evangelium, sind Gesetzesreligionen. Diese Prinzipien (Gal. 4,3; Kol. 2,8+20), die als „Anfangselemente der Religion" definiert wurden, bestehen aus Regeln, die von Menschen erfüllt werden müssen, wenn sie von Gott angenommen werden wollen. Die Erfüllung der Regeln erfordert menschliche Anstrengung. Das ist der Grund, weshalb Paulus sie „schwach und armselig" nennt. Es ist eine Sklaverei, weil sie die Menschen in die lähmende Verlegenheit des *„Ich-muß,-aber-ich-kann-nicht"* bringt.

Als die Galater die Botschaft empfingen, machten sie einen guten Anfang. Im Geist hatten sie begonnen, und sie liefen fein (Gal. 3,3; 5,7). Dann drehten sie von ihrem Kurs ab und wurden ins Judentum verstrickt. Sie verhielten sich wie ein Lebenslänglicher, der soeben begnadigt wurde. Doch kaum aus dem Gefängnis entlassen, verhält er sich so, daß die Behörden gezwungen sind, ihn geradewegs wieder hinter Gitter zu bringen. „O ihr törichten Galater!"

Es gibt viele Gläubige, die sich heute in der gleichen Lage befinden. Auch sie machten einen guten Anfang in dem vollen Bewußtsein, daß sie auf der Grundlage der Gnade errettet wurden. Gleich den Galatern haben sie den Heiligen Geist durch den Glauben empfangen. Aber auch sie sind in die gesetzliche Sklaverei zurückverfallen, aus der das Evangelium sie befreit hatte. „O ihr törichten Christen!"

Eine ernste Situation

Zu der Zeit, als neue Autos noch extrem langsam eingefahren werden mußten, überholte ein Autofahrer ein neues, langsam fahrendes Modell, dessen Heckfenster das Schild zierte: „Wird eingefahren – bitte überholen." Kurz darauf überholte er ein anderes Auto, das sich nur im Schneckentempo fortbewegte. Die Notiz im Heckfenster lautete: „Benzin geht zur Neige – bitte schieben!" Die Gesetzlichkeit schneidet uns von der Versorgung durch den Heiligen Geist ab. Das bedeutet, daß wir unsere Triebkraft durch Schieben beibehalten müssen, und das ist Schinderei.

Gesetzlichkeit, so sagt uns Paulus, ist Ungehorsam der Wahrheit gegenüber (Gal. 5,7). Gott gebietet, „im Geist zu wandeln" (Gal. 5,16), und wir versuchen es durch menschliche Anstrengung. „Der Gerechte wird seines Glaubens leben", doch wir leben statt dessen nach Regeln und Verordnungen. Eine weitere ernste Folge von Gesetzlichkeit ist, daß das Bild Christi, das durch den Heiligen Geist in uns Gestalt annimmt, entstellt wird. „Ich fürchte für euch", schrieb Paulus, „daß ich am Ende vergeblich um euch gearbeitet habe … ich leide abermals an Geburtswehen, bis daß Christus in euch Gestalt gewinnt" (Gal. 4,11+19). Das vielleicht ernsteste Anliegen des Galaterbriefes, auf den Paulus großes Gewicht legt, ist: *Die Gesetzlichkeit beraubt uns unseres Erbteils.* Das ist das grundlegende Thema dieses Kapitels.

Zu Erben bestimmt

Es lag nie in Gottes Absicht, daß unsere Erlösung der Höhepunkt unseres geistlichen Lebens sein sollte, wie es für so viele Christen den Anschein hat. Die Geschichte von Israels Befreiung aus Ägypten zeigt, daß die Erlösung auf die Erlangung des Erbteils zielte. Gott bringt uns aus Ägypten heraus, um uns nach Kanaan hineinzubringen (5. Mo. 6,23). Aber die Geschichte Israels zeigt uns auch, daß wenn man erlöst ist, die Einnahme des Erbes nicht automatisch folgt. Eine ganze Generation Israeliten – erlöste Menschen mit der Aussicht auf das verheißene Erbe – hat ihr Erbe nie erreicht. Sie zogen aus Ägypten heraus, kamen aber niemals nach Kanaan hinein – wegen ihres Ungehorsams und Unglaubens. Sie starben in der Wüste. Es war eine neue Generation, die unter Josua das Land einnahm.

Nachdem die Israeliten dreißig Tage lang den Tod des Mose beklagt hatten, gab Gott Josua ein Wort, das die Situation wunderbar erhellte. Es lautet: *„Mose, mein Knecht ist tot"* (Jos. 1,2). Wenn Gott uns etwas sagt, was wir zu wissen meinen, wird es Zeit, daß wir nochmals darüber nachdenken. Es war ein aufschlußreiches Wort, denn in ihm lag der Schlüssel verborgen, der die Tür zum Land der Verheißung öffnete. Gott sagte Josua, daß mehr als ein Wechsel der Führerschaft stattgefunden hatte. Die alte Regierungsform war vorbei, ein neuer Tag war für Gottes Volk heraufgezogen. „Das Gesetz wurde durch Mose gegeben, die Gnade und Wahrheit ist durch Jesus Christus geworden" (Joh. 1,17). Weil das Gesetz niemals das Erbe in Besitz nehmen konnte, mußte Mose sterben. Aber die Gnade, symbolisiert durch Josua („Jesus" ist die griechische Form dieses Namens), sollte das Volk hineinführen.

Die Unfähigkeit des Gesetzes

Das Gesetz mag uns lehren, wie wir uns in der Wüste zu

verhalten haben, aber es kann uns nicht in das Land der Verheißung hineinbringen. Wir brauchen nur die Bezeichnungen des Neuen Bundes zu untersuchen, um zu erfahren, weshalb das so ist. Drei bedeutungsvolle Begriffe ragen heraus: Verheißung, Gnade und Glaube (Röm. 4,3-16; Gal. 3,18). Wir wollen einmal die beiden Bündnisse einander gegenüberstellen:

– Der Alte Bund gründet sich auf *Gebote,* der Neue auf *Verheißungen.*

– Der Alte Bund beruht auf *Verdienst,* der Neue auf *Gnade.*

– Der Alte Bund bringt *Werke* hervor, der Neue *Glauben.*

Wie ein roter Faden zieht sich die Tatsache, daß das alttestamentliche Prinzip des Gesetzes mit dem Erbe im Neuen Bund unvereinbar ist, durch die Auseinandersetzung mit den Galatern hindurch. Die Ausführungen des Apostels Paulus gipfeln in dem eindrucksvollen Beispiel von Hagar und Sarah. Dabei geht es ausschließlich um die Nachkommen Abrahams. Deshalb müssen wir uns zuerst mit dem Bund beschäftigen, den Gott mit Abraham schloß, ein Thema, das Paulus im dritten Kapitel seines Briefes anschneidet. Dieser Bund betrifft uns unmittelbar.

Was war das verheißene Erbe?

Die Verheißung, die Gott Abraham im Blick auf *den Samen* und *das Land* gegeben hatte, beinhaltet die Antwort auf diese Frage. Es ging also um Abrahams Nachkommen und das Land, das sie besitzen sollten (1. Mo. 18,14-17; 15,5; 18,18; 22,15-18). Das bezog sich natürlich in erster Linie auf die Juden und das Land Israel, aber Paulus bezieht diese Verheißung an Abraham auf einen wesentlich größeren Personenkreis. Gott hatte verheißen, daß in Abraham und seinem Samen alle Nationen der Erde gesegnet werden sollten. Das, so erklärt Paulus, ist in der Bekehrung der Heiden erfüllt (Gal. 3,7-8). Alle, die durch den Glauben gerechtfertigt sind, Juden oder Nichtjuden, sind Abrahams Same, und das schließt auch uns ein. Wir sind erbberechtigt. Wir haben teil an dem Segen Abrahams, der der Vater von uns allen ist (Gal. 3,7). Welch eine herrliche Aussicht!

Außerdem geht es um „das Land". So wie Abrahams Same die gläubigen Nichtjuden einschließt, so wird *das Land* im Neuen Testament global gesehen. Die Verheißung, daß die Sanftmütigen das Land besitzen werden, wird ausgedehnt: „Die Sanftmütigen werden das Erdreich besitzen" (Matth. 5,5; Ps. 37,11). Die Verheißung, daß Abraham und sein Same Erben Kanaans sein würden, wird nun zu der Verheißung, „daß er *der Welt Erbe* sein solle" (Röm. 4,13; 1. Mo. 15,18).

In anderen prophetischen Schriften finden wir diese Aussage in überwältigender Weise bestätigt. Da war das Wort des Vaters an seinen Sohn: „Heische von mir, so will ich dir *die Nationen* zum Erbe geben und *die Enden der Erde* zu deinem Eigentum" (Ps. 2,8). Diese Verheißung muß sich auf den Bund mit Abraham gründen, denn die Bezeichnungen sind die gleichen: „die Nationen" und „die Enden der Erde".

Die Verheißung erfüllt sich

Eine weitere Verheißung, die Christus für die Zeit seiner Himmelfahrt gegeben wurde, lautete: „Setze dich zu meiner Rechten, bis ich deine Feinde hinlege als Schemel deiner Füße!" (Ps. 110,1). Diese Aussage, die im Neuen Testament oft zitiert wird, steckt voll geistlichen Dynamits. Wir sehen daraus, daß der Vater dem Sohn eine Verheißung gegeben hat und daß er zur Rechten Gottes bleiben soll, bis sie erfüllt ist. So muß dies also geschehen, bevor er wiederkommt, und er wartet jetzt in höchster Spannung darauf (Hebr. 10,13; 1. Kor. 15,25).

Wir haben gelesen, daß er den Vater um sein Erbteil *bitten* soll (Ps. 2,8). Als König und Priester tut er das durch seine Fürsprache. Wir vereinigen uns mit ihm, wenn wir beten: „Dein Reich komme!" Und so soll es weitergehen, bis die Himmel verkünden: „Das Weltreich unsres Herrn und seines Gesalbten *ist zustande gekommen* (der Prozeß ist abgeschlossen), und er wird regieren von Ewigkeit zu Ewigkeit!" (Offb. 11,15).

Der Besitz des Erbes kann nicht von der Erfüllung des Missionsbefehls getrennt werden. Wir sahen, wie die Gemeinde in Jerusalem in diesem Punkt durch ihre Gesetzlichkeit versagte. Kein Wunder, daß Paulus besorgt war, als er sah, wie sich dieser Krebs unter den Gemeinden in Galatien ausbreitete. Er wollte bei ihnen das Verständnis dafür wecken, daß das Gesetz die Einnahme des Erbes sabotiert und daß ein gesetzliches Volk niemals das Reich einnehmen kann. Vergleichen Sie einmal in diesem Zusammenhang die Kirchen der westlichen Welt, die durch ihre Traditionen und Strukturen gebunden sind, mit der Schlichtheit der Gemeinden in der dritten Welt, wo die Sache Jesu mit großen Schritten vorangeht.

Ein flacher Weg im Leben Abrahams

Die Neigung zur Gesetzlichkeit war in der Geschichte Abrahams und Sarahs vorgezeichnet (1. Mo. 15+16).

Es war unmittelbar nach jenem großen Ereignis, als Gott zu Abraham sagte: „Zähle die Sterne, wenn du sie zählen kannst! Also solle dein Same werden!" (1. Mo. 15,5). Abraham glaubte Gott, und deshalb richtete Gott mit ihm einen ewigen Bund auf.

Zu diesem Zeitpunkt fing Sarah an, alles gründlich zu durchdenken. Sie war unfruchtbar und außerdem über das Alter hinaus, Kinder zu bekommen. Es gab einfach keine Möglichkeit, so dachte sie, daß diese große Verheißung, die ihr Mann empfangen hatte, durch sie erfüllt werden könne. Zweifellos war das ein schwieriges Problem für Gott, und sie wollte ihm helfen, es zu lösen. Ihre Sklavin Hagar war offensichtlich die Antwort. Und Abraham ging, ohne seinen Bündnispartner um Rat zu fragen, auf Sarahs Idee ein. Und so wurde Ismael geboren.

Das ist der Punkt, an dem die Gesetzlichkeit in die Gemeinschaft Abrahams mit Gott einbrach und sein Erbteil in Gefahr brachte. Auch hier finden wir die üblichen Bestandteile der Gesetzlichkeit: menschliches, verstandesmäßiges Argumentieren ohne Glauben, fleischliches statt geistliches Handeln, den Willen Gottes durch natürliche statt übernatürliche Weise vollbringen zu wollen. Bedenken Sie, Abraham hatte gut angefangen. Er hatte Gott im Hinblick auf die Verheißung geglaubt. Gott hätte ihn jetzt fragen können wie Paulus die Galater: „Im Geist hast du begonnen, willst du dein Ziel jetzt durch eigene Anstrengung erreichen?"

Worin wir noch immer irren

Vieles, von dem, was in diesem Buch über Gottes Willen für seine Gemeinde geschrieben wurde, wird als idealistisch, praktisch nicht durchführbar oder supergeistlich abgetan werden. Man wird uns sagen, daß das Christentum als Institution zu fest verankert sei. Eine neutestamentliche Gemeinde in unseren Tagen sei ein Hirngespinst. Kein geistlicher Führer von Format würde so etwas ernstlich in Erwägung ziehen. Kurz gesagt: völlig unmöglich! – Nun, dann wollen wir uns daran erinnern, was Gott zu Sarah sagte, als auch sie in ihrem Unglauben Gottes Verheißung als eine Unmöglichkeit abtat und darüber lachte: „Sollte dem Herrn etwas unmöglich sein?" (1. Mo. 18,14).

Wir stehen vor einer einfachen Wahl. Entweder wir glauben an das übernatürliche Wirken des Geistes Gottes oder wir begnügen uns mit dem Ersatz der Gesetzlichkeit. Das kann einfach bedeuten, daß man so weitermacht wie bisher. Genau wie Sarahs „gute Idee" wird auch unser Ersatz zweifellos etwas hervorbringen. Und wie bei Sarah kann es sogar so aussehen, als würde damit der Zweck erreicht, aber am Ende haben wir eben doch nur einen Ismael statt eines Isaaks hervorgebracht.

Zwei Bündnisse und zwei Städte

Wir wollen jetzt Galater 4,22-30 lesen und darauf achten, wie Paulus die Geschichte von Hagar und Sarah und ihren Söhnen interpretiert. Die Frauen stellen zwei Bündnisse dar: den Bund des Gesetzes und den Bund der Gnade. Diese Bündnisse sind „Mütter", die eine Nachkommenschaft nach ihrer eigenen Art hervorbringen – die eine einen Sklavensohn, die andere einen Freien.

Sie stellen auch zwei Städte dar: das irdische und das himmlische Jerusalem. Dies gibt dem Bild einen gemeinsamen Hintergrund. Es deutet auf die Gemeinde hin, die Johannes vom Himmel herabkommen sieht (Offb. 3,12; 21,2+10). Im Gegensatz zu dieser himmlischen Gemeinschaft steht das gegenwärtige Jerusalem, das „mit seinen Kindern in der Sklaverei lebt". Obwohl sich diese Aussage direkt auf das irdische Jerusalem, als Mutter des Judentums, bezieht, läßt sie sich auch auf alle religiösen Institutionen anwenden, die sich auf das Gesetz gründen. Ob eine Gemeinschaft auf dem Grundsatz des Gesetzes oder der Gnade arbeitet, wird durch die Art ihrer Nachkommenschaft deutlich.

Eine freie Gemeinschaft

Freiheit ist das durchgängige Thema in der Auseinandersetzung des Galaterbriefes. Die Freie bringt einen freien Sohn zur Welt. Die Sklavin kann nicht anders, als einen Sklaven hervorzubringen. Jedes Kind Gottes ist frei geboren. „So sind wir also, meine Brüder, nicht Kinder der Sklavin, sondern der Freien" (Gal. 4,31). Aber wie viele von uns haben – wie die Galater – versagt festzustehen, und sind so in die Sklaverei zurückgerutscht! Andere haben sich erneut von gesetzlichen Gruppen einfangen lassen.

Ortsgemeinden sollten Kolonien des Himmels sein, Miniaturen des „oberen Jerusalems" und auf Erden gemeinsam der „herrlichen Freiheit der Kinder Gottes" Ausdruck geben. Das ist mehr Freiheit in der Anbetung, in der Ausübung der Geistesgaben oder anderen Mitwirkungen der Gemeinde. Es ist eine Gemeinschaft, die von einem Geist des Glaubens, der Gnade und freudiger Sorglosigkeit gekennzeichnet ist. Eine neutestamentliche Gemeinde ist geprägt von einem Geist der Unbeschwertheit, aber ohne Leichtfertigkeit.

Eine fruchtbare Gemeinschaft

Nachdem Paulus erklärt hat, daß das „obere Jerusalem frei ist", zitiert er ein prophetisches Wort, das auf Sarah hinweist. Er schreibt: „Freue dich, Unfruchtbare (Sarah), ... denn die Vereinsamte (Sarah) hat mehr Kinder als die, welche den Mann hat (Hagar)" (Jes. 54,1-3; Gal. 4,27). So würde sich also Sarahs Freiheit in ihrer *größeren Fruchtbarkeit* ausdrücken. Hagar sollte fruchtbar sein, aber in Sarahs Same sollten alle Nationen der Erde gesegnet werden. Das eine war ein natürlicher Nachkomme, das andere ein übernatürlicher.

In dieser Verheißung steckt viel mehr als die Zusicherung, daß die Christen zahlenmäßig den Anhängern des Judentums überlegen sein sollten. Das ist schon lange der Fall. Jesaja weissagte, daß Sarahs Nachkommenschaft zahlenmäßig die der Hagar, die alle Anhänger einer Gesetzesreligion umfaßt, übertrifft. Die Gerechten würden an die Stelle der Religiösen treten. Diese erstaunliche Prophetie wird mit der Voraussage fortgesetzt: *„Dein Same wird die Nationen besitzen, und sie werden verlassene Städte bevölkern"* (Jes. 54,3).

Abrahams Zwiespalt

Anfangs verursachte die Geburt Isaaks keine Schwierigkeiten in Abrahams Familie. Erst als das Kind „wuchs und entwöhnt wurde" (1. Mose 21,8-10), als er die Kindheit hinter sich ließ und heranreifte, begannen die Funken zu fliegen. „... der nach dem Fleisch Geborene verfolgte den nach dem Geist Geborenen" (Gal. 4,29). Seit einigen Jahren weist Gott durch Weissagungen die Gemeinde darauf hin, daß eine Zeit der Verfolgung kommen werde, wie die Schrift voraussagt.

Wir sollten nicht überrascht sein, wenn ein *gnadenloses „Christentum"* ebenso stark an der Verfolgung beteiligt ist wie eine christuslose Religion.

In der Zeit der Entwöhnung mußte Sarah ihrem Mann etwas sagen, was er keineswegs gern hörte: „Treibe diese Magd mit ihrem Sohne aus!"

„Aber wieso denn, Sarah?"

„Der Sohn dieser Magd soll nicht erben mit meinem Sohn Isaak!" (1. Mose 21,8-10). Das war eine radikale, kompromißlose Forderung, und man kann sich die Mimik der alten Dame vorstellen, als sie dieses Anliegen vorbrachte. Ist es nicht überraschend, daß die „Mutter des Gnadenbundes" so reagierte?

Nun, wenn Abraham eine Schwäche hatte, so war es Weichherzigkeit und eine sentimentale Anhänglichkeit an Freunde und Verwandte. Deshalb war sein Gehorsam dem Ruf Gottes gegenüber sowohl in Ur als auch in Haran unvollkommen gewesen (Apg. 7,2-4; 1. Mose 12,1-5). Er versäumte es, einen klaren Bruch zu vollziehen, und sein Kompromiß erschwerte es Gott, zu seinem Ziel zu kommen. Dieses Problem tauchte jetzt erneut auf, und in Abraham entbrannte ein heftiger Kampf wegen Ismael.

Dann sprach Gott, und es waren Worte, die kein Mann gern hört: „Deine Frau hat recht. Am besten tust du, was sie sagt!" Man kann es Abraham kaum verübeln, wenn er dachte: „Aber gerade dadurch, daß ich das vorige Mal ihren Rat befolgte, bin ich in den ganzen Schlamassel hineingeraten!" In diesem Fall war jedoch Sarahs Vorschlag zu Gottes Wort geworden, und Gott machte auch klar, was tatsächlich auf dem Spiel stand. Es ging um die Bedingungen des Bundes. „In Isaak soll dir ein Same berufen werden." Der ganze Sinn und Zweck des Bundes Gottes war auf Isaak ausgerichtet, und zwar auf Isaak allein. Damit war jeder Kompromiß ausgeschlossen. Das Erbe konnte unmöglich mit dem Sklavensohn geteilt werden.

Es beginnt mit dem Erkennen

Ein Grund, weshalb „Hagar" so leicht in das Leben von Gottes „freien Söhnen" Eingang findet, ist, daß sie sich bereits in deren Kirchen bequem eingerichtet hat, ohne erkannt zu werden. Wie können wir die Sklavin ausstoßen, wenn wir noch nicht erkannt haben, daß sie überhaupt da ist? Viele hängen an Hagar, halten sie für Sarah und sind aufs höchste empört, wenn man sie über ihre wahre Identität in Kenntnis setzt. Wie ich in einem früheren Kapitel dargelegt habe, entsprechen viele Dinge, die in der Kirche üblich sind, wie die priesterliche Ordnung mit Amtstracht und Titeln, geweihte Gebäude und festgelegte Formen des Gottesdienstes, ganz einfach alttestamentlichen Formen in neutestamentlicher Gestalt. Viele werden sich gegen ein solches Urteil auflehnen, aber nur, weil sie „Hagar" nicht erkennen.

Nehmen wir zum Beispiel den Einfluß des Kirchenjahres auf die Gottesdienste der Christen. Zu Weihnachten werden Weihnachtspredigten abgehalten und Weihnachtslieder gesungen. Am Karfreitag und Ostersonntag wird von dem Prediger erwartet, auf das Kreuz und die Auferstehung hinzuweisen, und die Lieder müssen dazu passen. Ähnlich ist es am Pfingstsonntag. Die Predigt zu diesen historischen Themen ist notwendig, aber wieso sollte sich der Heilige Geist Vorschriften machen lassen durch den Kalender des Kirchenjahres, den er niemals inspiriert hat? Wieso sollte es erforderlich sein, die Geburt unseres Erlösers ausgerechnet zur Zeit eines heidnischen Festes zu feiern, das dazu nicht einmal mit der Jahreszeit übereinstimmt, in der er tatsächlich zur Welt kam? In der Art, wie Christen heute dieses Fest feiern, kommt ihre Anpassung an weltliche Gepflogenheiten, ihre Gesetzlichkeit und ihr Materialismus zum Ausdruck. Im Hinblick auf Weihnachten ist eine radikale Neurorientierung dringend nötig. Auch die Galater hielten sich an einen „Kirchenjahr-Kalender": „Ihr beobachtet Tage und Monate und Zeiten und Jahre. Ich fürchte für euch, daß ich am Ende vergeblich um euch gearbeitet habe" (Gal. 4,10+11).

Der erste Tag der Woche

Der Gedanke, daß der erste Tag der Woche „heiliger" sei als die übrigen sechs und der Gottesdienst an diesem Tag eine besondere Wirksamkeit habe, entspricht einer weiteren alttestamentlichen Vorstellung. Der eine Tag der Ruhe unter sieben Tagen – etwas, was viele geschäftige Prediger nicht beachten – hat seinen Ursprung in der Schöpfung, nicht im Gesetz. Er ist noch immer wichtig als Richtschnur für unser Wohlergehen. „Gott segnete den siebten Tag und heiligte ihn (d.h. absondern), denn an demselbigen ruhte er von allen seinen Werken" (1. Mo. 2,3). In diesem Zusammenhang hat „heilig" nichts mit einem besonderen Grad der Weihe oder Heiligkeit zu tun. Wie könnte Gottes Ruhetag geheiligter sein als seine Arbeitstage? Nein, das Wort bedeutet einfach, daß Gott ihn für einen besonderen Zweck reserviert hat. Er war als Ruhetag *herausgenommen.*

Wir haben keine klaren Aussagen darüber, daß Gott der Urgemeinde die Befugnis gegeben hätte, den Sabbat gegen den ersten Tag der Woche auszutauschen, im Gedenken an die Auferstehung unseres Herrn. Im Gegenteil, es gibt Hinweise, daß Gott niemals vorhatte, den Sabbat durch einen besonderen Tag zu ersetzen. Das Zeitalter der besonderen Tage ist vorbei. Nach Pfingsten brachen die Gläubigen täglich in ihren Häusern das Brot. War diese Handlung heiliger oder Gott wohlgefälliger, wenn sie es am Samstag oder Sonntag taten statt am Montag oder Dienstag?

Sowohl der Sabbat des siebten Tages wie der des ersten Tages der Woche gehören der Vergangenheit an. Sie sind nach Paulus „... der Schatten derer, die kommen sollten, wovon aber Christus das Wesen hat" (Kol. 2,17). Der Sabbat selbst sollte Erfüllung finden in einer *Sabbatruhe* des Volkes Gottes, die für jeden Tag der Woche gilt. Das bedeutet, daß wir sowohl persönlich als auch gemeinsam unser geistliches Erbe antreten, wie uns der Hebräerbrief lehrt (Hebr. 4,1-13).

Auch an anderen Stellen bestätigt Paulus diese Lehre. Im Römerbrief setzt er den Menschen, der einen Tag für heiliger hält als den anderen, mit dem gleich, dessen Gewissen ihm nur vegetarische Kost erlaubt (Röm. 14,1-12). Wir sollten solche Gläubige annehmen, deren „Glaube schwach" ist, und den Anstoß ihres Gewissens respektieren. Wer solche Regeln nicht beachtet, sollte diejenigen nicht verachten, die es tun, und die sie befolgen, sollten diejenigen nicht verachten, die sie nicht befolgen, weil Gott sie angenommen hat. Es geht mir nicht darum, Menschen anzugreifen, deren „Glaube schwach ist", aber ich möchte den stark gesetzlich ausgerichteten Gläubigen entgegentreten, die ihre Brüder und Schwestern unter ein Joch bringen, von dem Gott nicht verlangt, daß sie es tragen sollen. Gesetzlichkeit ist nicht so sehr eine Handlungsweise als vielmehr eine Haltung.

Die Gefahr äußerer Formen

Wir haben bereits gesehen, wie die Schriftgelehrten und Pharisäer großen Nachdruck auf Äußerlichkeiten legten, während sie die innere Wahrhaftigkeit vernachlässigten. Fast alle Richtungen innerhalb der Kirchen werden in diesem Punkt schuldig. Die Evangelikalen haben zum Beispiel ihre eigenen Tests in bezug auf Orthodoxie und Geistlichkeit. „Ist er nüchtern?" hängt davon ab, ob er eine bestimmte Lehrmeinung gutheißt, beispielsweise die über den Heiligen Geist oder die Wiederkunft Jesu. „Ist sie geistlich?" entscheidet sich daran, ob sie kein Make-up benutzt, keinen Alkohol anrührt, keine Theatervorstellungen besucht und was dergleichen Dinge mehr sind. Solche Tests sind nicht besser als die der gesetzlich Frommen zur Zeit Jesu.

Wer in diesen Dingen eine starre Meinung vertritt, beruft sich oft auf das Argument, dem schwächeren Bruder keinen Anlaß zum Straucheln geben zu wollen. Das stimmt, doch allzu oft handeln wir nicht aus zarter Fürsorge für unseren schwächeren Bruder, sondern aus Furcht vor unserem gesetzlichen Bruder und seiner entschiedenen Mißbilligung. Solche starken Brüder sollten in der gleichen Weise „gekränkt" werden wie Jesus den Schriftgelehrten und Pharisäern gegenüber handelte. Wir tun ihnen einen Dienst, indem wir keinen Hehl aus der Tatsache machen, daß wir bei ihren Schibboleths und Tabus nicht mitmachen können.

Berufsgefahr der „Geisterfüllten"

Die Pfingstler und Charismatiker haben ihre eigenen geistlichen Tests. Wenn wir das Zungenreden zu einem unentbehrlichen Zeichen der Geistestaufe machen, nehmen wir eine Position ein, die einzig aus dem Stillschweigen der Schrift darüber abgeleitet werden kann. Wenn Gott wollte, daß wir die Sprachenrede zu einem unfehlbaren Test machten, würden wir in der Schrift statt Stillschweigen Aussagen darüber finden. Wo wir darauf bestehen, es sei in der Apostelgeschichte unausgesprochen „inbegriffen”, wäre es deutlich ausgesprochen. Wir verfallen in Gesetzlichkeit, wenn wir diesen einen Schritt über das Wort hinausgehen, oder werden dogmatisch, wo es die Schrift nicht ist. Das ist um so mehr der Fall, wenn wir es in unsere Satzungen als eine zusätzliche Lehre aufnehmen, die die „Gläubigen” anzuerkennen haben.

Die eigene Frömmigkeit vor Menschen zur Schau zu tragen ist eine Art Gesetzlichkeit, die Jesus zu seiner Zeit verurteilte. Wer sich in sogenannten „geisterfüllten Kreisen” bewegt, ist ebenso anfällig dafür wie alle anderen. Als ich während des zweiten Weltkrieges in der Britischen Armee in Ägypten diente, nahm ich an Versammlungen teil, die einige Missionare für die Soldaten eingerichtet hatten. In einer Gebetsstunde hörte ich einen Soldaten „im Geist seufzen”. Ich war bis dahin nicht mit Pfingstgeschwistern in Berührung gekommen, aber da ich Bücher, wie *„Der betende Hyde”* gelesen hatte, war ich entsprechend beeindruckt. „Ich muß mich an diesen Bruder halten und mein Gebetsleben vertiefen”, dachte ich. Meine Bewunderung verflüchtigte sich jedoch später am Abend, als dieser junge Mann am Schluß einer einfachen Botschaft nach vorn kam, um „sein Herz Jesus zu geben”. Ich bezweifle, daß diese Übergabe zum ersten Mal geschah, aber ich erkannte, daß sein „tiefes Gebetsleben” nur ein Stück „Supergeistlichkeit” war, die er sich bei älteren Christen abgeschaut hatte.

In einer unserer Bibelwochen kam ein ernster junger Mann zu mir, um über sein Verlangen, Gott zu dienen, zu reden. Zwei- oder dreimal während unserer kurzen Unterredung schloß er jedesmal die Augen, wenn ich etwas sagte, das ihn beeindruckte, zog er scharf die Luft ein und schauderte. Er machte den Eindruck eines Menschen, der „Befreiung" braucht, und die brauchte er wirkich – Befreiung von einer „Supergeistlichkeit"!

Die Gewohnheit, Gebete und Weissagungen hinauszuschreien (wenn man genügend Lautstärke erzeugt, um das Trommelfell des Bruders zum Platzen zu bringen, steht man zweifellos unter einer gewaltigen Salbung!), die Ahs und Ohs, das Seufzen und andere Variationen, der Vorrat an Phrasen und Ausdrücken, die nichts als Geplapper sind, die Ansicht, daß Prophetie, wenn sie wirklich geistlich sein soll, in bestem Hochdeutsch gesprochen sein muß – all dies sind Äußerlichkeiten. Durch die Tatsache, daß diese Dinge aus dem Mund derer kommen, die den Heiligen Geist empfangen haben, werden sie Gott nicht angenehmer.

Wir kritisieren nicht die Geräusche als solche. Nach der Offenbarung zu urteilen ist der Himmel ein sehr geräuschvoller Ort. Eine Stille von einer halben Stunde ist so ungewöhnlich, daß sie extra erwähnt wird (Offb. 8,1). Aber die Laute dort sind inspiriert vom Heiligen Geist, sie werden die Menschen mit Ehrfurcht erfüllen und sie sogar zu Gott hinziehen. Die andere Art von Lärm jedoch, die aus dem Fleisch kommt und nichts weiter ist als eine Show, bewirkt das Gegenteil. Es stößt die Menschen ab. Und es bedarf nicht einmal eines geisterfüllten Gläubigen, um den Unterschied zu erkennen.

Diese Liste könnte man noch lange fortsetzen. Wir alle haben es nötig zu beten: „Lehre mich sehen, was mir verborgen ist." Wichtig ist, daß wir jede Manifestation der „Sklavin", die wir erkennen, gründlich behandeln.

Die Entsagung

Abraham hatte Gottes Stimme gehört und stand früh am Morgen auf – stets ein Zeichen dafür, daß es einem Menschen ernst ist. Er wußte, daß das Erbe auf dem Spiel stand, und das machte ihn fest in seinem Entschluß. *„Ausstoßen"* oder *„loswerden"* sind auf Hagar bezogen – sowohl im Hebräischen wie im Griechischen starke Ausdrücke. Sie besagen nicht: „Lege es ihr nahe zu gehen", sondern: „Kündige ihr!" Hagar und ihrem Sohn wurde keine Wahl gelassen. Entschlossen wurde ihnen die Tür gewiesen. Der radikale Christ muß dem gleichen Problem mit der gleichen Entschlossenheit, die Abraham zeigte, entgegentreten. Sein Wille muß dem radikalen Schnitt zustimmen. Auch für ihn steht das Erbe auf dem Spiel.

Der Todesstreich

Wie wird dieser radikale Schnitt vollzogen? Zuerst müssen wir verstehen, was geschah, als wir uns bekehrten. Hören Sie das Zeugnis des gesetzlichsten Gesetzestreuen, Saulus von Tarsus: „Nun bin ich aber *durchs Gesetz dem Gesetz gestorben, um Gott zu leben. Ich bin mit Christus gekreuzigt"* (Gal. 2,19+20). Der Tod ist das einzige Mittel, das uns je befreien kann. Und seltsamerweise ist es in erster Linie das Gesetz selbst, das den Tod bringt. Es schließt uns in Verurteilung und Verdammnis ein und wird dann zu einem Zuchtmeister auf Christus hin. Wenn wir unser Vertrauen auf Christus setzen, sind wir nicht mehr unter dem Zuchtmeister (Gal. 3,23-25).

Christus selbst hat das Gesetz erfüllt und auch die Strafe des Gesetzes für uns getragen. Wenn wir erst einmal im Glauben mit Christus vereinigt sind, haben wir teil an seinem Tod und seiner Auferstehung. Wir gelangen durch Tod und Auferstehung in ein neues Leben hinein. Wir sind jetzt wiedergeboren – und damit von Geburt an Freie! „Da wir dem gestorben sind, worin wir festgehalten wurden, sind wir vom Gesetz freigeworden" (Röm. 7,6).

„Wenn es das ist, was bei meiner Bekehrung geschah", wird vielleicht mancher sagen, „dann habe ich noch keinen Nutzen davon gehabt." Den meisten von uns ergeht es wie den Galatern. Wir haben uns nach unserer Bekehrung in das Netz der Gesetzlichkeit verstricken lassen. Um wieder neu in den Genuß dieser Freiheit zu kommen, müssen wir tun, was Abraham tat. Er empfing in seinem Herzen die Weisung Gottes im Hinblick auf die Sklavin und ihren Nachwuchs. Ein Akt der Entsagung und des Glaubens folgten. Tief in seinem Innern wurde augenblicklich etwas dem Tode preisgegeben. Es war, als ob ihn ein unsichtbares Schwert mit einem Streich für immer von dieser Mutter und ihrem Sohn getrennt hätte. Das muß auch bei uns geschehen, besonders in bezug auf Stolz und Furcht, diesen „schrecklichen Zwillingen", die die Wurzeln der Gesetzlichkeit darstellen, aber auch in bezug auf das Prinzip der eigenen Anstrengung, die sie hervorbringen.

Dann gilt es, unsere persönlichen „Ismaels", die Gott uns klargemacht hat, einen nach dem andern vor die Tür zu setzen. Wenn wir mit Gott durchgedrungen sind und das Werk in unseren Herzen getan ist, bedeutet dies keine große Hürde mehr. Wir wissen dann, daß der Sohn uns freigemacht hat und wir in der Tat frei sind. Der Glaube wird neu entfacht, wir bekommen eine neue Fähigkeit, unser persönliches Erbe in Christus in Besitz zu nehmen. Wenn dann größere und vielschichtigere Probleme auftauchen, sobald sich der Sklavengeist in der Gemeinde manifestiert und andere davon betroffen werden, dürfen wir sie getrost Gott überlassen. Wir können uns vielleicht nicht vorstellen, wie Gott handeln wird, aber wir dürfen wissen, daß für ihn nichts zu schwierig ist.

Laßt uns wieder lachen!

Es war nicht der Schrei des Neugeborenen, der den alten Patriarchen ans Lager der Wöchnerin eilen ließ, sondern Gelächter. Sarah hielt das winzige Bündel Leben in ihren Armen, als ihr die volle Bedeutung der Situation zum Bewußtsein kam. Sie, die über neunzig Jahre alt war, stillte tatsächlich ein Kind! Das wirkte geradezu lächerlich und reizte zur Heiterkeit. Es war einfach wunderbar – Gottes Handeln!

Durch Tränen der Freude und Dankbarkeit hindurch schaute sie auf ihr Kind. Alles, was Gott verheißen hatte, kam ihr wieder zum Bewußtsein. In den Augen ihres Sohnes sah sie Miriaden von Sternen funkeln – goldenen Sand sich meilenweit dehnen – Nationen, die darauf warteten, geboren zu werden – Nachkommenschaft, die bestimmt war, die Erde als Erbteil zu besitzen. Sie vergaß die Würde, die zu einer Patriarchenfrau gehört, und brach, außer sich vor Freude, in schallendes Gelächter aus, ja, sie schüttelte sich vor Lachen, bis die Hebamme, die Diener und sogar Abraham selbst mit ihr lachten. Sie konnte nicht anders. „Gott hat mir ein Lachen bereitet; wer es hören wird, der wird meiner lachen!" (1. Mose 21,6).

Zwei oder drei Jahre später war das Lachen in ihrem

Heim verstummt. Es herrschte Spannung, Furcht, Unsicherheit, und Sarah kannte die Ursache besser als alle anderen. Wir können es ihr nicht verübeln, daß sie so nachdrücklich forderte: „Hagar und Ismael müssen gehen. Es geht um das Erbe!" Und Gott hielt zu ihr. Das Lachen würde nicht eher zurückkehren, bis diese beiden aus dem Haus waren.

Nach Pfingsten kannte die Gemeinde in Jerusalem den unwiderstehlichen Reiz einer geistgewirkten, unbekümmerten Fröhlichkeit, als sie „ihre Speise mit Frohlocken und in Einfalt des Herzens" zu sich nahmen und „Gott lobten" und „Gunst bei dem ganzen Volk" hatten. „Der Herr aber tat täglich solche, die gerettet wurden, zur Gemeinde hinzu" (Apg. 2,46+47). Aber sie verloren diese Freude, und wir wissen, warum. Gott sagt: „Stoße die Sklavin aus! Gib Isaak seinen rechtmäßigen Platz. Laß das Lachen zurückkehren. Das Erbe steht auf dem Spiel!"

DAS LAND DER RADIKALEN

Gott hat uns zu einem „Volk des Eigentums" erlöst. Doch Satan setzt alles, was in seiner Kraft steht, daran, diese Bestimmung zu sabotieren. Wie wir gesehen haben, ist die Gesetzlichkeit die Hauptwaffe, die er zu diesem Zweck gebraucht. Aber er hat eine weitere Waffe in seinem Arsenal, die an die erste nahe heranreicht und uns zu derselben radikalen Reaktion herausfordert.

Paulus spricht im Römerbrief von Gottes „Überfluß der Gnade" (Röm. 5,17) und der ganzen Freiheit, die damit verbunden ist. Dabei erklärt er genau, um welche Freiheit es sich handelt, nämlich Freiheit von der Sünde, nicht Freiheit zu sündigen. Es ist die Freiheit vom Gesetz, nicht die Freiheit, gesetzlos zu sein. „Sollen wir in der Sünde verharren", fragt er, „damit das Maß der Gnade voll werde?" Oder: „Sollen wir sündigen, weil wir nicht unter dem Gesetz, sondern unter der Gnade sind?" Auf beide Fragen antwortet er mit einem nachdrücklichen *„Das sei ferne!"* (Röm. 6,1.2+15).

Im Brief an die Galater ist es genauso. Der große Verfechter von „Gnade und Freiheit" widmet den Schlußteil seines Briefes hauptsächlich einer Warnung vor der entgegengesetzten Gefahr: *Nachsicht mit sich selbst* zu üben. „Ihr, meine Brüder, seid zur Freiheit berufen; *nur machet die Freiheit nicht zu einem Vorwand für das Fleisch."* Nachdem er dann die Werke des Fleisches aufgelistet hat, schließt er mit der ernsten Warnung, daß *„welche solches tun, das Reich Gottes nicht ererben werden"* (Gal. 5,13-21). So ist es also nicht nur die Gesetzlichkeit, sondern auch die Nachsicht mit sich selbst, die uns unseres Erbteils beraubt.

Die moderne Gesellschaft ist getrieben von einer Philosophie des Lustgewinns: „Wenn es dir Spaß macht, dann tue es!" Christ zu sein bedeutet nicht, gegen diesen Einfluß immun zu sein. Die Bibel macht es unmißverständlich klar: Der Knechtschaft des Gesetzes zu entfliehen und von der Lust des Fleisches überwunden zu werden, bedeutet nur, eine Art der Sklaverei mit einer anderen zu vertauschen (2. Petr. 2,18-19).

Es sind nicht so sehr grobe Formen der Fleischlichkeit, die Satan benutzt, uns zu versklaven und unseres Erbes zu berauben. Viel öfter wird durch die feinen, raffinierten Formen der Selbstsucht, die unser Gewissen erlaubt, Schaden angerichtet. Das geht deutlich aus einem Ereignis hervor, das stattfand, kurz bevor Israel über den Jordan ging. Da wir uns mit dieser Begebenheit ausführlich befassen wollen, wird es hilfreich sein, hier eine Pause einzulegen und den Bericht in 4. Mose 32 zu lesen.

An der Grenze von Kanaan

Als Vorbereitung für die Eroberung des Landes Kanaan führte Gott Israel durch das Ostjordanland, um es zu unterwerfen. Danach kehrten sie zu der Ebene Moabs zurück und schlugen ihr Lager am Jordan, gegenüber von Jericho auf (4. Mose 22,1). Dies war der Ort, wo Mose seine Abschiedsrede hielt, die im 5. Buch Mose wiedergegeben ist. Es war auch der Ort, der das Sprungbrett für die Invasion Kanaans werden sollte. Lediglich der Jordan lag zwischen ihnen und dem verheißenen Land. Es gab sowohl einen geistlichen als auch einen strategischen Grund, warum Israel diesen Weg nehmen mußte.

Zu diesem Zeitpunkt baten die beiden Stämme Ruben und Gad – später kam noch der halbe Stamm Manasse dazu – um die Erlaubnis, sich im Land Gilead, von dem sie jetzt Besitz ergriffen hatten, niederzulassen. Sie brachten ihr Anliegen vor Mose und erklärten ihm, daß sie große Rinder- und Schafherden hätten und daß Gilead zu diesem Zweck ideal sei. „Gib dieses Land deinen Knechten zu eigen", baten sie, „und führe uns nicht über den Jordan" (4. Mose 32,5).

Der Edelstein oder die Verpackung

Mose reagierte zornig, weil sie sich genauso verhielten wie die Kundschafter, die sich geweigert hatten, in den Krieg zu ziehen, und damit ihre Volksgenossen davon abgehalten hatten, das verheißene Land in Besitz zu nehmen. Wir übersehen die eigentliche Bedeutung dieses Vorfalls, wenn wir uns nicht klar vor Augen halten, daß das Transjordanland, das Israel in Besitz genommen hatte, nicht das „verheißene Land" war. Kanaan war das Land, wo Milch und Honig floß und das Gott seinem Volk verheißen hatte. Immer wieder beschrieb Mose es als „das Land, in das ihr über den Jordan ziehet, um es einzunehmen" (5. Mose 31,13; 32,47).

Es stimmte, daß Gilead und Basan zur Viehwirtschaft geeignet waren; es stimmte, daß ihnen Gott dieses Land zum Besitz gegeben hatte, aber es war nicht Kanaan. Und so verhielten sich diese Stämme wie eine Frau, die von ihrem Mann einen wertvollen, wunderschönen Edelstein in einem hübschen, kleinen Kästchen geschenkt bekommen hat und die den Stein achtlos wegwirft, während sie über das Kästchen in Begeisterung ausbricht. Dabei hatte der Juwelier es nur als Verpackung dazugegeben. Hätten die beiden Stämme nach dem verheißenen Land getrachtet, würde Gott ihnen vielleicht Gilead und Basan dazugegeben haben.

Wir machen uns die Sache zu einfach, wenn wir über ihre Torheit entsetzt sind, während wir unbewußt das gleiche tun. „Das alles, was jenen widerfuhr, ist ein Vorbild und wurde zur Warnung geschrieben für uns, auf welche das Ende der Zeitalter gekommen ist" (1. Kor. 10,11). Wir wollen jetzt die Gründe für ihre Entscheidung untersuchen.

Was war der Hauptgrund?

Mose beschuldigte sie, das zu tun, was ihre Väter in Kades Barnea getan hatten. Überraschenderweise wies er nicht auf den Ungehorsam und Unglauben dieser früheren Generation hin, sondern auf *ihre Sünde, daß sie dem Herrn nicht von ganzem Herzen gefolgt waren,* so wie Josua und Kaleb. In dieser Hinsicht glichen die beiden Stämme ihren Vätern. Sie waren halbherzig. Sie waren nicht radikal. Wären sie es gewesen, wäre die Bitte: „Führe uns nicht über den Jordan" nicht über ihre Lippen gekommen. Daß dieses schöne, zur Viehweide geeignete Land, in dem sie sich befanden, die Stämme Ruben und Gad reizte, war nur zu verständlich. Aber an diesem Punkt begingen sie einen großen Fehler. Sie versäumten, die richtigen Fragen zu stellen, zum Beispiel:

Welchen geistlichen Nutzen haben wir selbst, unsere Familien und Nachkommen davon?

Was ist das Beste im Interesse des ganzen Volkes?

Was hat Gott bereits über unser zukünftiges Erbe gesagt?

Solche Fragen stellten sie nicht, weil sie Opportunisten waren und nur ihren augenblicklichen, materiellen Vorteil suchten. Egoismus, Selbstgefälligkeit und die Befriedigung der eigenen Wünsche sind heute vielfach an der Tagesordnung, selbst bei denen, die berufen sind, im Werk des Herrn eine führende Rolle zu spielen. Eine solche Haltung wird uns genauso daran hindern, unser Erbteil einzunehmen, wie die Gesetzlichkeit (Eph. 5,5).

Vor Jahren lernte ich einen wohlhabenden Farmer kennen, der Christ war. Er gab einem Diener Gottes einen Scheck über eine hohe Summe. Der reichte ihn prompt zurück und sagte: „Bruder, das kannst du dir nicht leisten. Es kostet dich deine Seele." Es gibt Christen, die eine Beförderung im Beruf annehmen, obwohl sie dadurch keine geistliche Gemeinschaft mehr haben und die Gemeinde, der sie sich angeschlossen hatten, aufgeben müssen, so daß sie mitsamt ihren Familien in einer geistlichen Wüste landen. „Aber, will Gott nicht, daß seine Kinder Erfolg haben?" wird vielleicht jemand fragen. Die Antwort lautet: „Gewiß, aber wir müssen verstehen, was das bedeutet."

Verheißung von Wohlstand

Im geistlichen Bereich muß „Wohlstand" mit geistlicher Fruchtbarkeit gleichgesetzt werden. Wenn Gott materiellen Reichtum hinzufügt, ist das ein Bonus, aber wir müssen darüber wachen, daß dieser Bonus nicht unsere Seelen vergiftet. „Der Herr ist mein Hirte, mir wird nichts mangeln", darf nicht so interpretiert werden: „Der Herr ist mein reicher Gönner. Ich kann alles haben, was ich möchte." Die wunderbare Verheißung: „Mein Gott aber befriedige alle eure Bedürfnisse nach seinem Reichtum" (Phil. 4,19) soll uns nicht dazu ermutigen, ein Leben zunehmenden Wohlstands und einen immer höheren Lebensstandard zu erwarten. Wir leben in einer Welt, in der Millionen Menschen jährlich den Hungertod sterben und eine Milliarde hungern oder unterernährt sind. Diese Fakten können nicht bestritten werden und geben jedem Christen Grund genug zu nüchternen Überlegungen. Wie können Christen im Luxus leben und dabei erwarten, eine Botschaft für eine sterbende Welt zu haben?

Die Äußerungen Jesu und der Apostel

Jesus selbst gab uns kein Beispiel für ein Leben in materiellem Wohlstand. Sein Lebensstil war mehr als einfach. Er warnte seine Jünger vor dem „Betrug des Reichtums", denn er ersticke das Wort und mache es unfruchtbar. Jesus sagte: „Selig seid ihr Armen ... aber wehe euch, ihr Reichen" (Luk. 6,20+24). Wir haben bereits gesehen, wie radikal er den reichen Jüngling behandelte. Und nachdem dieser junge Mann traurig seiner Wege gegangen war, setzte Jesus seine Jünger mit der Äußerung in Erstaunen, daß es für ein Kamel leichter sei, durch ein Nadelöhr zu gehen, als für einen Reichen, ins Reich Gottes zu kommen.

Diese Aussagen wurden von den Aposteln noch verstärkt. Paulus wies Timotheus an, keinen Habgierigen zum Ältesten zu ernennen. Er sprach von Männern mit „verdorbenen Sinnen, ... welche die Gottseligkeit für eine Erwerbsquelle halten" (1. Tim. 6,5). In 1. Tim. 6,9-10 betont er, wie wichtig es ist, zufrieden zu sein:

„Denn die, welche reich werden wollen, fallen in Versuchung und Schlingen und viele törichte und schädliche Lüste, welche die Menschen in Verderben und Untergang stürzen. Denn die Geldgier ist eine Wurzel aller Übel; etliche, die sich ihr hingaben, sind vom Glauben abgeirrt und haben sich selbst viel Schmerzen verursacht."

Armut und Glaube

Wenn wir hier eine Schriftstelle nach der anderen zitieren, dann nur deshalb, weil oft eine Botschaft materiellen Wohlstands verkündigt wird, ohne daß erwähnt wird, was die Bibel über die Gefahren zu sagen hat. Das Neue Testament ermutigt uns, „reich im Glauben" zu sein, und verbindet das eher mit materieller Armut als mit Reichtum. Paulus bezeichnet sich und seine Mitarbeiter als „arm, aber die viele reich machen". Jakobus sagt: „Höret, meine lieben Brüder: *Hat nicht Gott diejenigen erwählt, die in den Augen der Welt arm sind, daß sie reich im Glauben und Erben des Reiches würden, das er denen verheißen hat, die ihn lieben?" (Jak. 2,5)*. Das bringt uns wieder zu unseremThema des Erbes zurück. Habgier und Geiz schließen vom Erbe aus. Wenn wir uns aber nicht an irdische Dinge klammern und statt dessen reich sind in Gott, wird uns das mit Sicherheit zu Erben des ewigen Reichtums machen.

Es hat den Anschein, als beherberge die Gemeinde des zwanzigsten Jahrhunderts im Westen eine Menge Laodizeachristen, die reich sind an Gütern dieser Welt, aber arm im Glauben. Wenn sie aus ihrer geistlichen Schlaffheit heraus zu einem kraftvollen Glaubensleben kommen wollen, müssen sie radikal gegen ihr „überflüssiges Gepäck" vorgehen und einen Lebensstil entwickeln, der mehr in Übereinstimmung mit dem Reich Gottes steht. Es wird erzählt, der Papst habe Thomas von Aquin die Schätze des Vatikans gezeigt und leichthin bemerkt: „Du siehst, Thomas, wir können nicht mehr mit Petrus sagen: ‚Silber und Gold habe ich nicht!'" – „Das stimmt", erwiderte der Dominikaner, „aber Sie können auch nicht sagen: ‚Stehe auf und wandle!'"

Keine klebrigen Finger

Dies ist kein Grund, zu einer asketischen Haltung zurückzukehren, die das Leben des Bedürftigen, der um Brot ansteht, als eine Tugend ansieht. Aber im wohlhabenden Westen ist das Pendel zu stark nach der entgegengesetzten Seite ausgeschlagen. Zu viele Christen leben ohne Disziplin auf diesem Gebiet. Sie müssen wissen, daß sie dadurch ihr Erbe in Gefahr bringen.

Es ist nicht so sehr die Frage, wieviel wir besitzen, sondern welche Haltung wir dem gegenüber einnehmen, was wir haben. „Nimmt das Vermögen zu, so setzet euer Vertrauen nicht darauf!" (Ps. 62,11). Wenn manche Christen meinen, ihr materieller Wohlstand müsse durch den Glauben immer mehr zunehmen, ist das gut und schön, vorausgesetzt, es ist ihr Ziel, ihn im Reich Gottes zu investieren und so einen Schatz im Himmel anzulegen. Dies würde bedeuten, daß auch ihre Gaben im entsprechenden Verhältnis wachsen, nicht aber ihr Lebensstandard. Solch eine disziplinierte Haltung wird die Ausbreitung des Evangeliums nicht hindern, sondern beträchtlich fördern.

Von dem bekannten amerikanischen Evangelisten D.L. Moody sagte jemand, der ihm nahestand: „Obwohl im Verlauf seines Dienstes Tausende von Dollar durch seine Hände gegangen sind, ist auch nicht einer je an seinen Fingern haften geblieben." Aber haben nicht viele andere, die Gott in seinem Dienst mächtig gebraucht hatte, gerade um dieser Dinge willen ihre Salbung verloren?

Die Korinther verstanden es falsch

Diese Gläubigen nahmen offensichtlich zu an Reichtum, aber in einer Weise, die Paulus keine Freude bereitete. Wie manche Christen heute, hatten sie eine völlig falsche Auffassung von Reichtum, und Paulus hielt es deshalb für nötig, sie aufzurütteln. Seine Worte sind überzeugend, wenn auch mit einem Anflug von Ironie behaftet. Seinen eigenen apostolischen Lebensstil und den seiner Mitarbeiter stellt er dem gegenüber, den die Korinther angenommen hatten:

„Ihr seid schon satt geworden, ihr seid schon reich geworden, ihr herrschet ohne uns! Möchtet ihr wenigstens so herrschen, daß auch wir mit euch herrschen könnten! Es dünkt mich nämlich, Gott habe uns Apostel als die Letzten hingestellt, gleichsam zum Tode bestimmt; denn wir sind ein Schauspiel geworden der Welt, sowohl Engeln als Menschen" (1. Kor. 4,8+9).

Natürlich konnten die Korinther die harte und feindselige Umgebung, der sich diese rauhen Gemeindegründer ausgesetzt sahen, nicht künstlich schaffen. Das war es auch nicht, worauf Paulus hinauswollte. Er betonte den *Unterschied in der Haltung*. Die einen hielten sich an das Kreuz und hatten sich die Gesinnung des leidenden Christus zugelegt, die anderen nicht. Mit anderen Worten: Die einen hatten den Jordan überquert, die anderen hatten sich in Gilead niedergelassen.

Das Kreuz ist also die einzige Antwort auf die beiden Haupthindernisse, die sich in den Weg stellen, wenn wir unser Erbe in Besitz nehmen wollen: Gesetzlichkeit und Nachsicht mit sich selbst. Durch das Kreuz sterben wir dem Gesetz, und durch das Kreuz sterben wir dem Fleisch. Die Bitte der Ostjordanstämme war: „Laß uns hierbleiben! Wir wollen nicht über den Jordan ziehen!” Gott wird niemals jemand zwingen, den Jordan zu überqueren. Man geht hinüber, weil man will.

Wenn die nötige Schau fehlt

Man kann nun daraus schließen, daß die Ostjordanstämme deshalb der Versuchung Gileads erlagen, weil sie nie von der Vision ihres Erbteils gepackt waren. All die wunderbaren Dinge, die Gott von dem Land gesagt hatte, waren in ihrem Kopf stecken geblieben, hatten jedoch nie ihr Herz erreicht. Vision ist, was wir mit den Augen des Glaubens sehen. Der Mangel an geistlichem Weitblick ist eine Form des Unglaubens. „Es ist aber der Glaube ein Beharren auf dem, was man hofft, eine Überzeugung von Tatsachen, die man nicht sieht” (Hebr. 11,1). Wären jene Männer „überzeugt” gewesen von dem, was Gott ihnen über Kanaan gesagt hatte, wie konnten sie sich dann in Gilead niederlassen?

Die übrigen Stämme waren in ihren Überlegungen von dem bestimmt, was Gott verheißen hatte, und nicht von dem, was sie zur Zeit erfreute. Sie waren voller Hoffnung. „Das Beste kommt noch!” war ihre Parole. Wie Abraham vor ihnen waren auch sie heimwehkrank nach diesem „besseren Land”. Ihr von Gott erwähltes Erbteil war keine Phantasie, keine Illusion. Sie hatten es mit den Augen des Glaubens von ferne gesehen, und dadurch war ihr Interesse allem anderen gegenüber verblaßt.

Wenn man Menschen begegnet, die geistlich anscheinend nichts erwarten, was über eine Erneuerung oder Erquickung hinausgeht, und gleichzeitig in ihrer Denominations-Tretmühle bleiben, kann man daraus nur schließen, daß sie noch keine Vision von ihrem Erbteil haben. Es kann sein, daß Gott Ihnen beim Lesen dieses Buches eine Ahnung davon gegeben hat. Wenn Sie sich ernsthaft mit dieser Sache befassen wollen, finden Sie im folgenden ein paar praktische Überlegungen.

Ein Land ohne Einzelgänger

Für Gottes Volk gibt es heute sowohl ein sofortiges als auch ein späteres Erbteil. In dem Moment, wo das Volk Israel den Fuß auf das Land Kanaan setzte, standen sie auf dem Grund und Boden, den Gott ihnen verheißen hatte. Von dieser Zeit an konnten sie die Frucht des Landes essen. Das war ihr unmittelbares Erbe. Aber es war erst ein kleiner Anfang, und noch viele Kämpfe mußten durchgestanden werden, ehe sie Kanaan völlig erobert und in Besitz genommen hatten. Das war dann ihr endgültiges Erbe. Für uns ist die Einnahme des Reiches (oder des Landes) ein Prozeß, wie wir es im vorigen Kapitel gesehen haben. Er wird nicht eher abgeschlossen sein, bis es in den Himmeln heißt: „Das Weltreich unsres Herrn und seines Gesalbten ist zustande gekommen." Das ist das Endergebnis. Aber was ist das sofortige Erbe? Wie können wir anfangen, unseren Besitz einzunehmen?

Jeder Israelit, der Kanaan betrat, mußte der Gemeinschaft, die entschlossen war, über den Jordan zu gehen, verbindlich angehören. Sind Sie ein Teil solch einer verbindlichen Gemeinschaft? Sie können nicht als Individualist ihr Erbe einnehmen. Sie mögen verlangend nach Gott und eifrig auf das Erbteil bedacht sein, aber Sie werden nicht weit kommen, wenn der Leib, zu dem Sie gehören, nicht bereit ist weiterzuziehen. Wir wollen in diesem Punkt ganz eindeutig sein. Von dem Zustand unserer Gemeinde wird, auf die Dauer gesehen, das Maß und die Triebkraft unseres geistlichen Fortschritts abhängen. Es wird nicht der einzelne tapfere Gläubige sein, sondern eine verbindliche Gemeinschaft, die endgültig das Land einnimmt.

Unter Gottes Regierung

Einzelgänger sind ausnahmslos Menschen, die Schwierigkeiten haben, sich einer Autorität unterzuordnen. Geistliche Autorität ist zur Zeit in Erneuerungskreisen nicht gerade „in". Und doch ist es ein unentbehrliches Element des Reiches Gottes. Ohne Autorität gibt es keine Ordnung, und ohne Ordnung gibt es kein Reich Gottes. Es war die Armee unter Josua, die das Land einnahm. Jeder mußte lernen, sich dem unterzuordnen, der über ihm war. Das Kommen des Reiches Gottes heute bedeutet die Errichtung der Herrschaft Gottes auf dem ganzen Erdkreis, und sie muß in dem Herzen seiner Kinder beginnen.

Josua hatte seine Offiziere, und durch diese delegierte Autorität führte und befehligte er seine Armee. Ähnlich wirkt unser Herr Jesus heute. Er überträgt denen Autorität, die er mit Gaben ausgestattet und den verschiedenen Führungsaufgaben in der Gemeinde zugeteilt hat. Nur wer von Gott erwählt, berufen und gesalbt ist, wird jemals eine Gruppe seines Volkes in ihr Erbteil führen.

Viele schrecken heute davor zurück, sich in das Wirken Gottes hineinnehmen zu lassen, weil sie sich keiner Autorität außer ihrer eigenen unterordnen wollen. Da man aber nur Autorität hat, wenn man sich ihr selbst unterordnet, bleibt ihr Dienst ohne Wirkung und bleibende Frucht.

Der zum Himmel aufgefahrene Christus besitzt jetzt „alle Gewalt im Himmel und auf Erden" (Matth. 28,18). Das bedeutet, daß es nichts mehr geben wird, worüber er nicht jetzt schon die Gewalt hat. Mit dieser Autorität wird Kanaan in Besitz genommen oder Gottes Herrschaft auf der Erde aufgerichtet. Wie hätte Josua den Kampf gewinnen können, wenn seine Leute sich nicht den Offizieren, den Hauptleuten über tausend und den Hauptleuten über hundert untergeordnet hätten? (4. Mo. 31,48).

Es gibt Gemeindeleiter, die eifrig darauf bedacht sind, geistlich weiterzukommen, aber sie stehen unter einer kirchlichen Autorität, deren Hauptanliegen es ist, die Traditionen zu wahren, und denen jede Vision im Hinblick auf das Erbe fehlt. Obwohl es scheint, als hätten diese Leiter volle Freiheit, werden sie doch ihre Fesseln zu spüren bekommen, sobald sie in kritischen Fragen Entscheidungen treffen. Früher oder später müssen sie sich der Alternative stellen, entweder die Dinge so zu lassen, wie sie sind, sich also in Gilead niederzulassen, oder den radikalen Schritt über die Linie zu tun und mit Gott ein Neues zu wagen.

Die zwei vergessenen Dienste

Unter den Hauptleuten, die unser himmlischer Josua ernannt hat, sind Apostel, Propheten, Evangelisten, Hirten und Lehrer. Die übliche Theorie, Apostel und Propheten wären heute ausgestorben, entbehrt ebenso der biblischen Grundlage wie die Theorie, die Geistesgaben hätten aufgehört zu existieren. Wir wollen keine Zeit damit verlieren, auf solche Argumente einzugehen. Man braucht nur zu prüfen, was der Heilige Geist über den Zweck, zu dem sie gegeben wurden, sagt, dann weiß man, daß sie heute so wichtig und notwendig sind wie eh und je (Eph. 4,12-13).

Der wahre Grund, weshalb Apostel und Propheten so lange Zeit nicht anerkannt wurden, ist praktischer, nicht biblischer Art. Es ist eine Frage der Autorität. „Und so hat Gott in der Gemeinde gesetzt erstens Apostel, zweitens Propheten" (1. Kor. 12,28). Diese beiden Funktionen sind vorrangig für die Leitung der Gemeinde. Sie sind ein Ausdruck der Autorität, mit der sie von Gott zur Gründung und zum Aufbau der Gemeinde eingesetzt wurden. In einer Denomination ist es von der Struktur her für Apostel und Propheten unmöglich, einen wirksamen Dienst zu tun und den Auftrag auszuführen, zu dem sie berufen sind, ohne in einen Autoritätskonflikt verwickelt zu werden.

Wozu Apostel?

Überall taucht in zunehmendem Maß die Frage nach dem Dienst der Apostel auf. Das ist nicht überraschend, da sie in Gottes Erneuerungsprogramm eine so wichtige Rolle spielen. Ein Apostel hat sowohl als Pionier neue Gemeinden zu gründen, als auch Fundamente zu legen, wo sie in Gemeinden fehlen. Er kann aufbauen, wo das Gebäude brüchig geworden ist, und er hat einen besonderen Auftrag, Gottes Volk zur Einheit im Glauben zusammenzuführen und so zum reifen Mannesalter zu bringen. Diese Bitte aus dem hohepriesterlichen Gebet Jesu wird niemals verwirklicht werden ohne die richtige Funktion aller Dienste von Epheser 4 und besonders dem des Apostels.

Eine wichtige Rolle des Apostels besteht darin, die Propheten, Evangelisten, Hirten und Lehrer zunächst zu erkennen und dann zur geistlichen Reife zu führen.

Was der Daumen für die Hand und alle anderen Finger bedeutet, ist der Apostel für den Leib Jesu und alle übrigen Dienste. Wenn die Kirche glaubte, ohne Apostel und Propheten auskommen zu können, bedeutet das, daß sie ebensowenig funktionsfähig war wie eine Hand ohne Daumen und Zeigefinger.

Wo sind die Propheten?

Dieser Ruf kam mit immer stärkerem Nachdruck aus den Reihen der Charismatischen Bewegung. Auf die Frage, warum die Charismatische Bewegung dem Untergang geweiht sei, führte George Otis, ein charismatischer Autor und Redner aus den USA, u.a. „das Fehlen von Propheten" an. Später hat auch Michael Harper in der Schrift „Charismatische Krise" über den Mangel an Propheten gesprochen und dies als „eines der traurigsten Versäumnisse der Charismatischen Bewegung" bezeichnet.

Von meinem früheren Einsatz in charismatischen Kreisen her würde ich dem zustimmen, aber ich habe es nicht zutreffend gefunden bei Bewegungen, in denen die Wiederherstellung von Gottes Haus (der Gemeinde) mit Nachdruck betrieben wird. Die Bewegung, an der ich beteiligt war, ging aus prophetischen Aussagen hervor und entwickelte sich durch Prophetie weiter. Auf die gleiche Art und Weise förderte Gott den Wiederaufbau des Tempels unter Esra: „Und die Ältesten der Juden bauten weiter, und es gelang ihnen durch die Weissagung der Propheten Haggai und Sacharia" (Esra 6,14).

„Vom heiligen Geist getrieben, redeten heilige Menschen, von Gott gesandt" (2. Petr. 1,21). Diese Stelle aus dem Petrusbrief macht klar, wie es zur Prophetie kommt: Um im Auftrag Gottes reden zu können, muß der Mensch *dort* sein, *wo Gott ist.* Doch Gott bleibt nie stehen, und so wurden auch die Propheten in eine Bewegung hineingenommen. Sie wurden „getrieben". Die Bewegung war nicht entstanden, um ein prophetisches Wort hervorzubringen, sondern sie war im Gange, und die Folge war die Prophetie. Wenn das prophetische Wort fehlt, müssen wir fragen, ob es überhaupt jemanden in der Gemeinde gibt, der vom Geist „getrieben wird". Oder sind vielleicht alle festgefahren? Ist die Bewegung zum Stillstand gekommen? Ist Gott weitergegangen und hat die Erneuerungsbewegung hinter sich gelassen?

Als Josua seine Truppen über den Jordan führte, ging das Prophetentum mit hinüber. Von diesem Zeitpunkt an lesen wir von keinem Propheten, der in den folgenden fünfhundert Jahren in Gilead aufgetreten wäre. Und soweit man sagen kann, kam keiner der inspirierten Schreiber der prophetischen Bücher aus dem Gebiet östlich des Jordans. Wo Gott frei wirken kann, wird auch immer die Stimme der Propheten zu hören sein, die Korrektur, Weisheit, Einsicht und Wegweisung gibt.

Ich bin überzeugt, wenn Apostel und Propheten anerkannt werden und ungehindert wirken können, wird sich das als wichtigster geistlicher Durchbruch erweisen. Um das Land einzunehmen, müssen wir zu einer Gemeinde gehören, die nicht nur theoretisch, sondern praktisch von der Wichtigkeit der Apostel und Propheten überzeugt ist.

Kompromißlösung

Die zum Kampf geeigneten Männer der Transjordanstämme versicherten Mose, obwohl sie keinen Besitz in Kanaan haben wollten, seien sie doch bereit, an der Seite ihrer Brüder zu kämpfen, bis jeder sein Erbteil erhalten habe. Erst dann wollten sie in das Gebiet östlich des Jordans zurückkehren. Man muß ihnen zugute halten, daß sie ihr Versprechen hielten. Sie überquerten mit den anderen den Jordan, bekamen das gute Land zu sehen und zu schmecken, aber es wurde nie ihr Erbteil! Und was noch bedauerlicher war, ihre Frauen und Familien gaben sich mit Gilead zufrieden, weil sie niemals etwas Besseres kennengelernt hatten.

Am Ende zählt nicht das Gebiet, das wir besetzten oder einnahmen, sondern das Land, das wir endgültig besitzen, der Ort, der uns zur Heimat geworden ist. Gottes Gebot lautet: „*Wohne im Lande* und übe Treue" (Ps. 37,3). Das versäumten die Transjordanstämme, und leider trifft das auch auf viele zu, die durch den Geist erneuert wurden. Es gibt Gemeinden, die vom Geist berührt worden waren, „Musterbeispiele" der Charismatischen Bewegung, doch heute erkennt man sie kaum wieder. Als die Bewegung noch im Gange war, überquerten streitbare Männer den Jordan, aber die Masse (der Leib) ging nicht hinüber und erreichte deshalb das Ziel nie. Nach einer gewissen Zeit verlief sich die Bewegung, manchmal nachdem der Mann, den Gott gebraucht hatte, an einen anderen Ort gezogen war. Die „streitbaren Männer" wichen zurück, bis sie wieder an ihrem Ausgangspunkt angekommen waren. Das kann bei Kompromißlösungen nicht ausbleiben, und darum haben sie keinen Raum in den Überlegungen eines Radikalen.

Wenn Gott Menschen gehen läßt

Weil Mose auf diese Kompromißlösung einging, werden Sie vielleicht annehmen, Gott müsse auch damit zufrieden gewesen sein. Weit gefehlt! Hier haben wir eine ernste Lektion zu lernen. Genauso wie Gott keinen Sünder zur Buße zwingt, kann er auch keinen seiner Heiligen zwingen, radikal zu sein. Durch Mose gab er seinen Unwillen ihnen gegenüber zu erkennen, doch als sie sich zurückzogen, zog sich auch Gott zurück. Er ließ sie gehen. Er bestand zwar darauf, daß sie den anderen Stämmen helfen mußten, das Land zu erobern, aber dann sagte er ihnen: „... ihr mögt *von eurer Verpflichtung* dem Herrn und Israel gegenüber *frei* sein" (4. Mose 32,22 nach der englischen Übersetzung).

Wenn wir auch nur ein wenig um die Furcht des Herrn wissen, sollten uns diese Worte erzittern lassen. Gott gab sie frei. Sie konnten tun, was sie wollten. Er sprach sie nie wieder daraufhin an. Es gibt heute Gläubige, ja sogar Gemeinden, die Gott gehen ließ, weil sie sich nicht dazu entschließen konnten, radikal zu sein. Sie mögen sich bis zu einem gewissen Grad an Gottes Gegenwart und Segen erfreuen, aber Gott allein weiß, was hätte sein können.

Sieg – aber nicht mit Pauken und Trompeten

Unser Herr Jesus war in Schwachheit gekreuzigt worden. Das Kreuz ist nicht nur das Gegenmittel gegen die Gesetzlichkeit und die Nachsicht und Milde sich selbst gegenüber; es ist auch das Prinzip, durch das wir überwinden. Die Israeliten gingen nicht als Einzelpersonen, sondern als Gemeinschaft durch den Jordan. Es sind nicht die mit Jesus gekreuzigten Einzelpersonen – ganz gleich, wie zahlreich und wie aufrichtig sie sein mögen – die das Reich Gottes einnehmen, sondern eine Kreuzesgemeinde.

Wenn die Heiligen in die Herrlichkeit einziehen, wird der Sieg nicht mit Pauken und Trompeten gefeiert werden, auch nicht, indem die Kraft zur Schau gestellt wird. Das Kreuz wird für die Menschen immer Schwachheit und Torheit bedeuten, aber „… Gottes ‚Torheit' ist weiser als die Menschen sind, und Gottes ‚Schwachheit' ist stärker als die Menschen sind" (1. Kor. 1,25). Das Kreuz setzt aller Prahlerei und Zurschaustellung ein Ende.

Die Offenbarung gibt uns Einblicke in das Geheimnis des endgültigen Triumphes. Eingangs finden wir Johannes, wie er fassungslos weint. Es ist niemand würdig erfunden worden, die Schriftrolle dessen zu öffnen, „der auf dem Thron sitzt", umleuchtet von einem smaragdgrünen Regenbogen. Dann erfährt Johannes, daß „der Löwe aus dem Geschlecht Juda" überwunden hat und darum würdig ist, die Rolle mit den Siegeln zu öffnen. Er wendet sich nach diesem Löwen um und sieht statt dessen ein Lamm. Von da an ist es immer „das Lamm", das er sieht. Er erblickt es, wie es in der Mitte des Thrones steht, wie es auf dem Berg Zion erscheint und wie es die Heere des Tieres überwindet.

Das Wort, das Johannes in der ganzen Offenbarung für „Lamm" benutzt, ist ungewöhnlich. Es ist die Verkleinerungsform, genaugenommen das „Lämmlein", das aussieht, als ob es geschlachtet sei. Die Welt hält den Atem an vor Staunen. „Ist das wirklich euer Führer? So elend und schwach?" Und doch, wie treffend ist dieses Bild!

Das Lämmlein mit den frischen, bleibenden Wundmalen von Golgatha – das geschlachtet ist und doch aufrecht dasteht, das blutet und doch überwunden hat. So symbolisiert es in vollkommener Weise den auferstandenen, aufgefahrenen, verherrlichten Christus, der in den Kampf zieht, bis ihm alle Königreiche der Welt unterworfen sind und alle seine Feinde zum Schemel seiner Füße liegen. Die bei ihm sind, die „Erwählten" und „Treuen" sind auch den Weg des Kreuzes gegangen und damit vom Lammeswesen geprägt. Die ganze Kraftfülle des Heiligen Geistes wird nur der Kreuzgemeinde geschenkt. Um es mit den bekannten Worten Tertullians (160 – 220 n. Chr.) auszudrücken: „Sterbend siegen wir."

Die Kalebs und Josuas

Für die Gemeinde ist die Stunde schicksalhafter Entscheidung gekommen. Gottes Volk ist in der „Ebene Moabs" angelangt. Entweder wird es nun mit Gott weiterziehen und den Jordan überqueren, oder es wird sich dort niederlassen, wo es im Augenblick ist, und sich an die „Sicherheit" von Institutionen und Traditionen klammern, mögen sie nun altehrwürdig oder modern sein.

Für einige von uns wird dies die Stunde der Wahrheit sein, wo es sich erweisen wird, ob wir bereit sind, Kompromisse zu schließen oder nicht. Eins ist sicher: Gott wird zu seiner Ruhe eingehen. Die Frage ist nur, ob auch wir zu unserer Ruhe gelangen.

„So laßt uns nun fürchten, daß nicht etwa, während noch eine Verheißung zum Eingang in seine Ruhe hinterlassen ist, jemand von euch als zu spät gekommen erscheine!" (Hebr. 4,1).

Weitere Bücher aus dem Verlag Schulte + Gerth:

Dr. Viggo Olsen/Jeanette Lockerbie
KANN MAN GOTT ENTFLIEHEN?

Der überwältigende Lebensbericht eines Chirurgen der Spitzenklasse. Zur Entscheidung für Jesus herausgefordert, sucht er mit seiner Frau alle Argumente gegen den christlichen Glauben zusammen und wird dabei fast unmerklich von Gott überführt.
Best.-Nr. 15 542

Armin Mauerhofer
... UND SEHE EURE ORDNUNG

Mit klaren, einfachen Strichen zeichnet der junge Theologe ein Bild von der biblischen Gemeindeordnung auf, wie sie nach seiner Erkenntnis die Heilige Schrift angibt. Eine Herausforderung, sein eigenes Verständnis anhand der Bibel zu überprüfen, und eine Hilfe, zu neuen Ufern zu kommen.
Best.-Nr. 15 544

Zola Levitt/Merrill Unger
GOTT WILL DIR BEGEGNEN

Christen, die zum missionarischen Zeugnis bereit sind, aber selbst merken, daß sie dabei immer wieder auch technische Fehler machen, werden den Band dankbar in die Hand nehmen und neuen Mut zur Evangelisation bekommen. Eine fundierte Sammlung evangelistischen „Handwerkzeugs".
Nr. 15 585

Gottfried Schröter
AUF DEM BODEN DER TATSACHEN

Das Handbuch greift eine Fülle von Fragen und Konflikten auf, mit denen Christen und solche, die es werden wollen, im Alltag fertig werden müssen. Skeptiker wie überzeugte Christen werden viele Denkanstöße bekommen und neue Erkenntnisse gewinnen.
Best.-Nr. 15 513

FESTER ALS FELSEN

Gottes Wort ist voller konkreter Zusagen für die Gläubigen. Aber oft ist es selbst für Bibelkenner schwer, die entsprechenden Verse aufzuspüren. Deswegen sind in diesem Buch 400 Verheißungen, Zusagen und Anweisungen aus dem Wort Gottes thematisch zusammengestellt.
Best.-Nr. 15 656

V. Raymond Edman
DAS BEFREITE LEBEN

14 Persönlichkeiten beschreiben ihren geistlichen Wachstumsprozeß. Sie erlebten alle, wie die Fülle des Heiligen Geistes ihr Glaubensleben bereicherte: Hudson Taylor, John Bunyan, Amy Carmichael, Oswald Chambers, Charles Finney, Dwight Lyman Moody, Andrew Murray u.a.
Best.-Nr. 15 352

Wilhelm Busch
EINE UNVERSCHÄMTE BITTE

Packend sind die Ansprachen des ehemaligen Essener Jugendpfarrers über Begebenheiten aus dem Leben der Propheten Elia und Elisa. In diesen Botschaften macht Busch Mut, Gott ohne Vorbehalte bei seinem Wort zu nehmen, auch wenn das ungehörig erscheint.
Best.-Nr. 15 624

Wilhelm Busch
DER VOGEL HAT EIN HAUS GEFUNDEN
Reihe 38

Zwei Ansprachen des ehemaligen Essener Jugendpfarrers über den 84. Psalm. Es sind Predigten von der Geborgenheit bei Gott, die in allen Erschütterungen der Welt standhält.
Best.-Nr. 15 607